GUIDE

POUR

LES THÈSES.

PARIS. — TYPOGRAPHIE DE HENRI PLON,
IMPRIMEUR DE L'EMPEREUR,
8, rue Garancière.

GUIDE
POUR LES THÈSES

MANUEL

DE

LOGIQUE JUDICIAIRE

à l'usage

DES CANDIDATS DE CONCOURS
DES AVOCATS, DES MAGISTRATS
et de tous ceux qui traitent des questions de droit

PAR

FÉLIX BERRIAT-SAINT-PRIX

AVOCAT, DOCTEUR EN DROIT

PARIS

COTILLON, LIBRAIRE DU CONSEIL D'ÉTAT
rue Saint-Hyacinthe-Saint-Michel, 6
Au coin de la rue Soufflot, 23

1855

Tout le monde discute; peu de personnes savent discuter. La question, objet du débat, est presque toujours mal posée, et parfois ne l'est pas du tout; on néglige du moins de la préciser ou de l'éclaircir. Il n'est pas rare de voir des personnes débattre la question « de la propriété » sans autre explication préliminaire, et s'imaginer qu'elles se comprennent[1]. Un défaut non moins répandu consiste à s'écarter sans motif de la question principale : de déviation en déviation, on oublie le point de départ; on effleure vingt

[1] J'ai signalé ailleurs le danger de ce que j'appelle des « substantifs principes. » V. *Droil const.*, n°s 262, s.

sujets, et une discussion qui pouvait devenir fructueuse dégénère en futile parlage.
On s'explique de même comment une personne qui avait pleinement raison au début
finit par avoir tort, quand elle a suivi son
interlocuteur, avec une complaisance illogi-
que, dans tous les détours où il lui a plu de
s'égarer. Les uns s'épuisent sur un détail
accessoire et perdent de vue le nœud de la
difficulté. D'autres s'échauffent hors de propos et tuent la discussion, sans profit pour
eux-mêmes. Quelques-uns s'arment de personnalités, et blessent au lieu de convaincre.

Les auteurs qui écrivent sur le *droit*, les
professeurs qui en font l'objet de leurs leçons, n'enseignent pas directement l'art de
raisonner. Ils l'appliquent pourtant sans
cesse; mais ils s'abstiennent d'en révéler
les principes, qu'ils considèrent sans doute
comme suffisamment exposés dans les clas-
ses de philosophie. La plupart d'ailleurs
veulent plaire par le style ou par l'élocution;
ils écartent avec soin des formules dont le

retour monotone fatiguerait le lecteur ou l'auditoire. Le désir d'abréger nuit encore à l'expression complète des arguments et les efface parfois tout à fait. C'est ainsi que des praticiens ont pu croire à la longue que des citations de lois romaines sont de pures marques d'érudition.

L'art de raisonner s'apprend, comme tous les autres, par la *routine*; mais au prix de bien du temps perdu. Combien de licenciés, je le sais par moi-même, sont réduits pendant plusieurs années après l'obtention du diplôme à collectionner les arguments qu'ils rencontrent çà et là dans les livres et dans les arrêts! On ne saurait, il est vrai, se flatter de posséder un art qu'après l'avoir appliqué souvent; mais la pratique est d'autant plus profitable qu'elle a été précédée de la théorie.

Beaucoup d'étudiants, laborieux d'ailleurs, soutiennent faiblement l'épreuve de la *thèse,* après avoir passé de bons examens; et ceux qui réussissent n'apprécient pas toujours, — je me le rappelle, — la portée d'une épreuve si différente de celles qui la précèdent.

L'opuscule que je publie, bien qu'il s'adresse à tous les hommes qu'intéressent les discussions juridiques, est le complément nécessaire du recueil de questions que j'ai rédigé pour faciliter les premières études. Il n'a pas une portée scientifique beaucoup plus grande que son aîné. Qu'on refasse donc celui-ci comme on a refait celui-là : la priorité ne vaut pas ici qu'on la revendique. Je serai satisfait si mon essai inspire quelque bon livre.

GUIDE

POUR

LES THÈSES.

———

On nomme *thèse*, dans le langage de l'École, une discussion sur des propositions controversables, attaquées par une personne et défendues par une autre.

Celui qui attaque s'appelle *argumentant;* son adversaire *soutenant.*

Dans les concours, les deux rôles sont ordinairement remplis par des candidats.

Dans les thèses que l'on soutient pour obtenir le grade de licencié ou de docteur en droit, c'est un professeur qui argumente.

Le mot *thèse* désigne, à proprement parler, comme le prouve l'étymologie [1], la proposition qui est attaquée et défendue dans

———

[1] Du grec τίθημι, je pose; θέσις, position. Ce dernier terme s'emploie parfois à l'École.

la discussion. En ce sens, il est rare qu'il n'y ait pas plusieurs thèses discutées dans une même épreuve.

On donne, par extension, le nom de *thèse* à la dissertation que le candidat fait imprimer avant de soutenir la discussion publique. Il s'engage en effet à défendre chacune des propositions renfermées dans cette dissertation.

Le but de la discussion qui constitue l'épreuve de la thèse est de vérifier si le candidat est *capable d'argumenter*, et, par suite, de défendre en justice un plaideur ou d'apprécier la force des raisons qu'il invoque.

Pour s'assurer de la capacité de l'élève, le professeur fait valoir les objections propres à démontrer la fausseté de la thèse; il force ainsi le candidat d'exposer à son tour les preuves qui établissent la vérité de ses propositions. Parfois l'attaque est simulée : l'argumentant finit ou même commence par reconnaître que la thèse est vraie; mais cette feinte n'est point nécessaire, comme on serait tenté de le croire. Les gens du monde s'imaginent à tort que, des deux avocats qui plaident dans une affaire, il en est *toujours* au moins un qui parle contre sa conscience. Le droit n'est pas une série d'axiomes; loin de là, il abonde en difficultés sérieuses ; il en offre d'inextricables. Ceci explique à la fois comment d'honnêtes gens peuvent se trouver adversaires dans un procès et comment des opinions juridiques opposées peuvent être consciencieusement défendues, soit à l'école, soit au barreau.

Il en résulte une conséquence importante : c'est qu'un élève ne saurait être condamné pour avoir lutté contre le professeur chargé du rôle d'argumentant. Au contraire, s'il a présenté ses raisons avec précision et intelligence, s'il a directement répondu aux objections, il mérite de triompher. Le candidat qui, au premier choc, abandonne la doctrine qu'il avait avancée, fait tout au plus acte de condescendance ou de politesse ; il ne fait point preuve de science ni de logique. Bien plus, une rétractation trop prompte engage ordinairement le professeur à changer de système à son tour. Les rôles sont alors intervertis, et le candidat, forcé de combattre sa propre thèse, procure à l'argumentant le facile plaisir de vaincre alternativement des deux côtés.

En résumé, c'est un droit pour l'élève de faire valoir l'opinion qu'il a formulée de vive voix ou par écrit ; c'est un devoir pour ui de rechercher, par l'étude des auteurs et

par la réflexion, tous les moyens susceptibles d'être invoqués à l'appui de sa doctrine;
enfin c'est une tactique mauvaise que de
rétracter une opinion soutenable pour ac-
quiescer, sans résistance, au système du
professeur.

Le travail préparatoire de l'élève se décompose naturellement en deux parties : la
rédaction de la dissertation imprimée; l'é-
tude des controverses qui se rattachent au
sujet.

CHAPITRE PREMIER.

DE LA DISSERTATION IMPRIMÉE.

Le candidat est tenu, avant de soutenir l'épreuve publique, de rédiger un exposé des *principes* généraux de la matière[1].

La plupart des élèves se méprennent sur la véritable portée de cette obligation préliminaire : pour eux, l'épreuve tout entière est dans la rédaction de la dissertation imprimée ; ils y consacrent la meilleure partie de leur temps. Quelques-uns prennent jour aussitôt qu'ils ont porté à l'imprimeur leur manuscrit revêtu de la signature du président. Une imprudence aussi grave expose à d'humiliants échecs. Le succès de l'épreuve publique dépend presque exclusivement de la manière dont argumente et se défend le candidat. Il est si facile de composer une thèse passable à l'aide de *centons* extraits des auteurs classiques ! Il est si aisé d'y dissimuler le secours d'une main étrangère ! On ne doit point s'étonner si beaucoup d'ar-

---

[1] Cette obligation, supprimée il y a quelques années, a été remise en vigueur.

gumentants ne tiennent aucun compte du savoir apparent qu'étale la thèse écrite. Évidemment le candidat incapable de défendre ou même (ce phénomène s'observe parfois) d'expliquer les propositions qu'il imprime, ne saurait se prévaloir de leur justesse ou des aperçus nouveaux qu'elles contiennent.

Autre chose est d'exposer des principes et d'indiquer des solutions, autre chose est de les défendre contre les objections prévues ou imprévues.

Donc, thèse rédigée n'est pas même à moitié préparée. C'est à peine s'il est prudent de consacrer à la rédaction le *quart* du temps dont on dispose. Le surplus est nécessaire pour étudier les controverses, prévoir les objections, chercher les réponses et s'exercer à les développer de vive voix.

Quelle étendue convient-il d'assigner à la dissertation ?

Aucune limite précise n'est fixée par les règlements. Quatre pages suffisent, à la rigueur, pour énoncer succinctement les principes fondamentaux d'une matière spéciale. La brièveté sera d'autant moins répréhensible en pareil cas, qu'on aura indiqué un plus grand nombre de propositions controversables.

Il y a trente ans, on se bornait, dans la Faculté de Paris, à présenter un *placard* de format in-folio, au milieu duquel s'apercevaient une vingtaine de propositions de droit français, placées en regard d'un nombre égal de règles de droit romain; à l'entour régnaient d'amples ornements typographiques. Depuis longtemps l'usage a fait prévaloir le format in-quarto; mais les candidats sont libres de préférer l'in-octavo, plus convenable, quand les développements sont assez étendus pour donner à la thèse l'apparence d'un volume ordinaire.

Je n'ai pas besoin de m'occuper ici de considérations pécuniaires dont chaque élève est seul juge compétent. Les *frais* d'impression varient, en général, de quinze à vingt francs par feuille in-quarto de huit pages. Je rappellerai seulement l'idée que j'ai donnée de l'importance respective de la rédaction de la thèse et de la préparation des arguments. En cas d'urgence, il faut restreindre assez la dissertation imprimée pour se ménager les trois quarts de son temps.

Ces réserves posées, je reconnais volontiers qu'il convient de n'omettre aucun principe essentiel du sujet que l'on expose. Il faut concilier l'enchaînement complet des idées fondamentales avec la brièveté de la forme. Une dissertation bien faite produit par elle-même une présomption favorable au candidat : c'est à lui de prouver par ses réponses qu'il possède les idées dont il se dit le rédacteur, et d'empêcher que l'insuffisance de ses paroles ne contraste avec le mérite de son écrit.

On est libre de suivre, dans la dissertation, l'ordre des textes : j'ai vu de bonnes thèses publiées sous la forme de *commentaires*. Néanmoins la méthode *dogmatique* semble ici préférable : il s'agit d'un court exposé, dans lequel les détails ne doivent pas obscurcir les principes ; les règles essentielles y seront mises en relief et placées dans un ordre qui permette de lier chaque idée secondaire à l'idée primordiale d'où elle dérive. C'est d'ailleurs, pour l'élève, le meilleur moyen de prouver qu'il s'est approprié son sujet, qu'il en possède l'ensemble et qu'il n'a pas servilement transcrit quelque commentateur [1].

Les propositions controversées ou controversables ne doivent pas être fondues dans l'exposé des principes ; on les formule séparément à la fin de la dissertation. Des limites spéciales sont assignées, on ne sait pour-

[1] Bien des candidats copient tout simplement leurs prédécesseurs. Les thèses sont l'objet d'un petit commerce, aux environs de l'École. Plus d'un futur licencié achète cinq ou six dissertations sur son sujet, et s'enrichit des idées de ses confrères. On juge aisément de ce que devient la vérité, après les transformations successives que lui font subir ces *copies de copies*.

quoi, aux futurs docteurs. Le règlement les astreint à énoncer *quatre* propositions sur l'histoire et les difficultés du droit romain; *trois* sur l'histoire et les difficultés du droit français; *deux* sur le droit criminel; *deux* sur le droit public [1].

Les aspirants au diplôme de licencié conservaient autrefois une liberté sans limites; la plupart en abusaient pour s'abstenir complétement de poser des questions de droit romain; plusieurs gardaient la même réserve pour notre droit civil. Aujourd'hui encore bien des élèves se bornent à indiquer quelques difficultés banales ou peu sérieuses; ils imitent cet oiseau que son instinct porte à cacher sa tête dans l'espoir de ne pas être aperçu. Supposent-ils que leur silence pré-

---

[1] L'auteur de ce règlement est quelque historien, peu familier avec l'art de l'argumentation; autrement, il aurait su combien il est difficile de faire porter les épreuves ordinaires de l'École sur des controverses historiques dans lesquelles les textes usuels sont insuffisants, et doivent souvent céder la place aux citations de littérateurs ou aux comparaisons de manuscrits. D'un autre côté, si les discussions historiques sont utiles, pourquoi les exclure du droit criminel et surtout du droit public? Pourquoi les propositions sont-elles plus nombreuses en droit romain qu'en droit français? La rédaction du règlement est singulière sous d'autres rapports. Qu'entend-on par « les difficultés » opposées à « l'histoire? » Est-ce que la controverse historique ne doit pas porter sur des difficultés? — Au surplus, il suffit, pour observer la règle, de formuler *une* proposition sur l'histoire du droit romain, et *une* sur l'histoire du droit français.

viendra toute discussion ? Espèrent-ils que la mémoire du professeur ne lui suggérera aucune question controversable ou ne lui suggérera que les plus faciles et les plus simples ?

La meilleure tactique consiste à proposer assez de difficultés intéressantes pour que les argumentants y choisissent le sujet de la discussion. Le candidat obtient ainsi l'avantage immense d'écarter l'imprévu. Il montre d'ailleurs qu'il connaît à fond sa matière et qu'il ne recule pas devant les nécessités de la situation.

Doit-on rechercher la *solution* adoptée par l'École? Non. Et il est heureux que cela soit ainsi. Je ne crois pas possible de découvrir sur une question donnée l'opinion de tous les professeurs et de leurs suppléants. Le même professeur change souvent de doctrine sans en avertir [1].

On gagne peu de chose à forcer l'argumentant d'attaquer sa propre doctrine : il n'en conservera pas moins sa supériorité; et s'il trouve que la bonne cause est mal défendue, il concevra une prévention défavorable au candidat. Au contraire, l'élève qui a bien

[1] V. par exemple les diverses éditions des Institutes expliquées de Ducaurroy. J'ai signalé, dans mon *Guide* pour les examens, un grand nombre de *variations* de cet auteur.

creusé une question fera parfois preuve d'habileté en rejetant la solution généralement suivie : c'est un moyen d'attirer le choc des assaillants sur l'endroit où il se sent le plus fort [1].

Une bonne thèse doit contenir au moins une dizaine de questions sérieuses de droit français. La limite fixée par le règlement sur le doctorat ne me paraît qu'un *minimum*. On est moins exigeant pour le droit romain. Il est bien rare qu'un élève en possède les principes généraux d'une manière assez sûre pour pouvoir soutenir une controverse proprement dite. Les professeurs se bornent, d'ordinaire, à demander l'explication d'une espèce posée par un jurisconsulte romain et à critiquer la solution du *corpus juris* pour que l'élève soit contraint de la justifier.

A quel moment convient-il de rédiger la

[1] Quand l'Académie de Dijon mit au concours la question de savoir « si le rétablissement des sciences et des arts a contribué à épurer les mœurs, » J.-J. Rousseau, selon quelques biographes, voulut d'abord soutenir l'affirmative; Diderot l'en détourna : « C'est le pont aux ânes, lui dit-il; prenez la négative, et je vous promets un grand succès. » — Je n'ai pas besoin de signaler l'écueil de cette méthode : adopter une solution qui semble paradoxale est une imprudence, quand on néglige de rechercher les moyens de la soutenir. Mais le candidat qui ne prépare pas ses arguments n'a guère plus de chances de succès en choisissant l'opinion commune.

dissertation ? On peut certainement faire ce travail avant de préparer la défense des solutions controversables. C'est même un assez bon moyen de s'assurer que l'on possède les principes généraux du sujet, principes qui en définitive doivent servir de base à l'argumentation. Il suffit que le candidat se persuade bien que la rédaction est la plus faible partie de sa tâche. Cependant il est bon de se livrer à une étude préliminaire, ne fût-ce que pour éviter de confondre des difficultés réelles avec les idées qui sont à l'abri de la controverse.

J'ai vu des élèves composer tout d'abord, à l'aide des livres, une dissertation assez étendue ; ils la mettaient incontinent sous presse et passaient à l'étude de leurs questions. Leur embarras n'était pas médiocre quand l'imprimeur leur rendait une thèse dans laquelle chaque principe contrariait les solutions indiquées sur la dernière page. Les doubles emplois, les inconséquences, les développements qui anticipent mal à propos sur la discussion publique, les engagements pris au hasard et sur lesquels on voudrait revenir, sont communs en pareil cas.

Le parti le plus sûr est de n'affronter les dangers de l'impression qu'après avoir fixé son opinion définitive sur les points controversés et revu l'ensemble des matières.

Une thèse s'attaque et se défend au moyen d'*arguments*. L'argumentation est la base fondamentale de l'épreuve. Il est donc indispensable de donner avant tout quelques notions de dialectique appliquée au droit.

Je reviendrai plus loin sur la méthode qu'il est bon de suivre dans l'étude préparatoire. Je ne saurais l'aborder ici sans m'exposer à des redites.

CHAPITRE DEUXIÈME.

DIALECTIQUE OU ART D'ARGUMENTER.

Bien des personnes, éclairées d'ailleurs, mais peu familières avec la dialectique, ne veulent pas reconnaître l'existence ou l'utilité de cet art. La vérité, s'écrient-elles, n'a pas besoin de tant de finesse; elle éclate d'elle-même, sans le secours des subtilités de la chicane.

J'avoue volontiers que certaines vérités frappent tous les yeux et s'imposent à tout le monde. Il suffit de montrer certains phénomènes physiques pour convaincre de leur réalité. Mais tous n'ont pas le même degré d'évidence. Dans les sciences morales surtout, le faux et le vrai sont liés étroitement; une analyse délicate est nécessaire pour les séparer. La controverse y est indestructible; elle se renouvelle tous les jours, non-seulement entre des plaideurs intéressés, mais entre des juges dont l'impartialité n'est pas douteuse; entre des écrivains qui sont libres de choisir leur drapeau. Il est donc indispensable de savoir apprécier la force des arguments, soit que l'on veuille dégager l'erreur de la vérité pour son propre compte, et se former une opinion personnelle au milieu du conflit des systèmes divers ; soit que, ayant arrêté son choix et fixé sa conviction, on veuille la communiquer à d'autres ou la défendre contre des idées contraires. Découvrir et propager la vérité sont deux buts irréprochables. Si la dialectique est pour quelques-uns un moyen de faire triompher l'erreur, que l'on s'en prenne à l'ignorance ou à la mauvaise foi. Tous les instruments quelconques, sans excepter les plus utiles, peuvent servir à faire le mal : ce n'est point une raison pour que les honnêtes gens les décrient et se privent de leur secours.

Au surplus, la question sera toujours résolue par le fait. Tout homme qui éprouvera le besoin de convaincre ou d'être convaincu s'efforcera de détruire les objections d'autrui ou de faire prévaloir les siennes.

Des arguments en général.

Un *argument* est une induction tirée d'une proposition incontestable pour arriver à établir une proposition contestée.

La proposition incontestable se nomme *majeure ;* la proposition qui montre comment la proposition contestée se déduit de la proposition incontestable se nomme *mineure ;* la proposition (ou la thèse) contestée, considérée comme déduite de la proposition incontestable, s'appelle *conclusion*.

La majeure et la mineure se nomment les *prémisses* ; elles renferment ou engendrent la conclusion, et, dès lors, la précèdent, en général, dans le discours.

L'ensemble des prémisses et de la conclusion, complétement et méthodiquement formulées, constitue ce qu'on a nommé le *syllogisme*.

La logique a été surchargée, dans le moyen âge, de règles minutieuses et compliquées, et de mnémoniques barbares qu'on a décriées depuis longtemps avec juste raison [1]. Je n'essayerai point ici de les faire revivre. Mais ce serait aller beaucoup trop loin que de proscrire l'analyse des propositions élémentaires dont se compose un raisonnement et l'emploi de toute espèce de formule syllogistique.

Sans doute il n'est pas nécessaire, pour raisonner juste, de disséquer-le raisonnement et de le dépouiller de toute figure oratoire ; le bon sens ne cesse pas d'être le bon sens parce qu'on l'a revêtu d'une forme élégante. Mais il est bien difficile d'enseigner ou d'apprendre à raisonner juste, si l'on

---

[1] On se rappelle les arguments *in barbara*. — « Sais-tu ce que tu as fait? dit Pancrace, un syllogisme *in balordo*. La majeure en est inepte, la mineure impertinente, et la conclusion ridicule. » MOLIÈRE, *Mariage forcé*, sc. 4.

n'analyse pas avec rigueur les diverses parties du raisonnement. C'est le moyen le plus sûr de vérifier la valeur réelle des arguments que l'on emploie et de ceux que l'on veut réfuter. Faute d'être présentés sous cette forme, qui semble aride, les meilleurs raisonnements d'un avocat manquent leur effet et disparaissent dans un déluge de phrases prétentieuses et sonores. En sens inverse, tel argument, dont la forme syllogistique aurait mis à nu la pauvreté, finit par séduire les juges quand un rhéteur habile a su le déguiser à l'aide d'ornements oratoires.

Si l'on peut raisonner juste sans recourir au syllogisme, il est tout aussi vrai de dire que l'on peut raisonner faux en se servant de la forme syllogistique. Elle ne garantit nullement la vérité de la majeure, sur laquelle on se fonde. Mais, en droit positif, cette insuffisance n'a pas autant d'inconvénients que dans les autres sciences morales. Le plus souvent, en effet, on a pour point de départ un texte dont l'existence et la force obligatoire sont incontestables.

Le raisonnement, quelque nom que l'on veuille lui donner, se réduit toujours à faire voir qu'une proposition est renfermée dans une autre dont la vérité est déjà établie [1]. Le

[1] « La succession des jugements qui constituent un raisonnement ressemble à ces tuyaux de lunette qui sont renfermés les uns dans les autres et que l'on en

procédé le plus sûr consiste donc à faire ressortir, à mettre en relief la proposition reconnue vraie ; à rendre sensible son rapport avec la proposition douteuse et à montrer que la première renferme la seconde. Or, est - ce là autre chose qu'énoncer une majeure, puis une mineure ? Ces dénominations, du reste, ont été critiquées ; mais elles sont consacrées par l'usage.

Il n'est nullement nécessaire de réduire à une proposition unique la démonstration du rapport qui unit la proposition douteuse à la proposition certaine. En faisant voir que la conclusion contestée est contenue dans une proposition intermédiaire, puis que celle-ci est renfermée dans la proposition vraie, on arrive également au but. Le raisonnement peut donc se composer d'un nombre indéterminé de propositions [1] ; c'est pour envisager le cas le plus simple qu'on les réduit en général à trois.

tire successivement ; toutes les fois que l'on en fait sortir un de dedans celui qui le recouvrait, il en devient une continuation, et le tuyau s'allonge d'autant. » Destutt-Tracy, *Logique*, ch. 1.

[1] Les logiciens le nomment alors *sorite*. Souvent, on réduit mal à propos le nombre des termes moyens, par le désir irréfléchi de faire un syllogisme proprement dit. V. Destutt-Tracy, ch. 8. Selon cet auteur, le syllogisme n'est qu'un sorite.

Arguments juridiques.

Les arguments dont on use en droit positif se tirent, les uns du texte même de la loi; les autres des travaux préparatoires et des sources où la loi a été puisée; d'autres des principes généraux du droit, d'autres enfin de l'équité.

Arguments de texte.

Quand la proposition avancée se trouve littéralement écrite dans la loi, il suffit de citer le numéro de l'article; la question est tranchée; il y a décision plutôt qu'induction. La seule ressource de l'adversaire est de nier la force obligatoire du texte invoqué; de soutenir qu'il est abrogé par une loi plus récente, que c'est un acte du pouvoir exécutif contraire à une loi, même antérieure [1].

L'existence même de la controverse suppose un défaut d'identité entre les termes de la loi et les termes de la proposition attaquée. On est alors réduit à *argumenter* du texte, et l'argument est d'autant plus faible que le défaut d'identité est plus grand.

Il ne suffit pas, pour formuler un argument de ce genre, de dire, comme le font parfois les commençants : « J'argumente de

[1] V. sur la fameuse question des décrets impériaux, mon *Droit constit.*, nᵒˢ 1430 et suiv.

tel article. » Il ne suffit pas davantage de donner lecture de l'article invoqué : lire n'est pas argumenter. Il faut, sans altérer le texte, rendre sensible le rapport qui existe entre l'hypothèse prévue et l'espèce en litige, entre la disposition législative et la proposition controversée.

La forme varie selon que cette proposition est comprise dans les termes de la loi ou se déduit de la signification restreinte de ces mêmes termes ; selon qu'elle se fonde sur l'analogie ou la dissemblance de la loi ; elle varie encore si, contraire aux termes d'un article, la proposition se fonde sur un autre texte qu'une interprétation différente rendrait inutile.

De là six principales catégories d'arguments de texte :

1° Argument tiré de la *généralité* des termes de la loi. Ce premier mode d'induction suppose que la thèse est une proposition restreinte, susceptible de rentrer dans la proposition plus large du texte. Tout l'artifice consiste à les rapprocher et à faire ressortir leur étendue comparative.

Exemple. Il s'agit de prouver que le louage des choses hors du commerce n'est pas valable. On argumente ainsi du Code civil : « D'après l'art. 1128, il n'y a que les choses *dans le commerce* qui puissent être l'objet des CONVENTIONS; cet article ne distingue point entre le louage et les autres conventions; or, là où la loi ne distingue pas, on ne doit pas distinguer davantage; donc le louage dont il s'agit est nul. »

Le brocard ou l'axiome *Ubi lex non distinguit, nec nos distinguere debemus* aboutit à invoquer la force obligatoire de la loi. La volonté du législateur doit être accomplie dans toutes les hypothèses particulières qui rentrent dans l'hypothèse générale prévue par lui. Il faut donc avoir soin d'exprimer que le texte ne distingue point entre les circonstances de la question et les autres; sinon, l'argument reste incomplet.

Cela même suggère la manière d'y répondre. On fait observer que l'article cité embrasse dans la latitude de ses expressions bien d'autres hypothèses que celle dont il s'agit; dès lors, rien ne prouve que le législateur ait précisément arrêté sa pensée sur celle-ci, surtout si elle a quelque chose d'extraordinaire ou si elle est peu digne d'attention. On invoque les brocards *Lex statuit de eo quod plerumque fit; De minimis non curat prætor; Quod semel aut bis exstitit, prætermittunt legislatores.* Voyez C. civ. 1163.

La réfutation est plus péremptoire, quand au texte général on peut opposer l'autorité d'un texte spécial. Ce dernier doit l'emporter, d'après la maxime *Specialia generalibus derogant*. En effet, plus le nombre des hypothèses est restreint, plus il est probable que l'attention du législateur s'est fixée sur celle qu'on a en vue. — Par exemple, on est tenté de croire, en lisant la règle générale de l'art, 2232, que les servitudes ne peuvent s'acquérir par prescription ; cependant le contraire résulte évidemment de la décision particulière de l'art. 690.

La plupart des articles sur les contrats, depuis 1101 jusqu'à 2091, ne sont autre chose que des interprétations de volonté faites pour suppléer au silence des parties ; il n'en faudrait pas induire la nullité des conventions qui dérogent à ces articles, même en l'absence d'une autorisation expresse telle que la donnent les art. 1497 et 1527.

2° Argument tiré de la *limitation* des termes de la loi. La volonté législative doit être prise telle qu'elle est ; on n'y peut rien ajouter, on n'en doit rien retrancher. Si le texte relatif à l'espèce litigieuse ne contient pas certaines formes ou conditions, il fournit évidemment une induction pour les exclure. On invoque alors cette idée que les juges ou les particuliers ne sauraient prescrire de leur autorité privée des conditions omises par le législateur.

Exemple. On demande si la transcription de la vente d'un immeuble est nécessaire pour investir l'acheteur de la propriété. L'art. 1138 suggère en faveur de la négative l'argument que voici : « L'art. 1138-2° veut que l'obligation de livrer *rende le créancier* PROPRIÉTAIRE sans exiger la transcription de l'acte; or, on ne doit pas être plus exigeant que la loi elle-même; donc l'acheteur devient propriétaire, même sans avoir fait transcrire. »

Réciproquement, si le texte impose une condition déterminée, on a droit d'en conclure qu'une condition différente ou une partie de celle-là ne suffiraient pas pour atteindre le but.

Exemple. On demande si le tiers détenteur d'un immeuble en acquiert la propriété franche d'usufruit après une possession de dix ans entre présents, avec juste titre et bonne foi. Le Code fournit l'objection suivante : « L'art. 617-5° n'admet l'extinction de l'usufruit par le non-usage qu'autant qu'il a duré *trente* ans; or, personne ne saurait dispenser d'une condition requise par la loi; donc il ne suffit pas que l'usufruitier ait cessé de jouir pendant dix ans pour que son droit soit perdu. »

On réfute ces sortes d'arguments en déduisant la condition ou la dispense contestée de quelque autre texte ou d'un principe de droit qui autorise à supposer un oubli législatif. Dans le dernier exemple, l'art. 2265 vient au secours des partisans de l'affirmative : il leur permet de soutenir que l'art. 617 est spécial au cas où l'usufruitier est en présence du nu propriétaire ou d'un détenteur qui n'a ni bonne foi ni juste titre. — Quelquefois aussi un second article affaiblit la portée du premier. C'est ce qui arrive pour l'art. 1138, dans le premier exemple : l'art. 1140 en atténue beaucoup l'importance en renvoyant la question à des titres plus éloignés.

3° Argument *a pari*. Quand le texte, sans renfermer la proposition contestée, donne une décision pareille sur une hypothèse semblable, on en tire un argument d'analogie, ou *a pari ratione*. Il est évident que la décision doit être la même dans un cas exactement pareil; ou bien le législateur serait coupable d'inconséquence, ce qui ne se suppose pas, dans le doute. *Ubi eadem ratio, ibi idem jus*, disent les jurisconsultes.

Exemple. On demande si le légataire à titre universel a droit aux fruits du jour du décès, pourvu qu'il réclame la délivrance avant la fin de l'année. Un fort argument d'analogie en faveur de l'affirmative se puise dans l'art. 1005. En effet, cet article attribue la jouissance au légataire *universel* à compter du jour du décès; or, il y a une grande similitude de position entre le légataire à titre universel qui a une fraction numérique du patrimoine, et le légataire universel qui a le patrimoine entier; une position semblable doit produire des droits semblables.

Puisque l'argument *a pari* ou *a simili* repose sur la ressemblance des hypothèses, il est clair qu'il perd de sa force quand la similitude est imparfaite. Le meilleur moyen de l'écarter consiste donc à signaler le plus grand nombre possible de différences entre le cas prévu par la loi et le cas qui donne lieu à controverse. — L'argument *a pari* est très-faible en matière pénale. Les tribunaux criminels ne peuvent prononcer que les peines édictées par le législateur; on a beau démontrer qu'un fait donné est aussi punissable que tel autre puni par le Code, l'auteur ne doit pas moins être absous (*V. C. cr.*, art. 364). Il en est à peu près de même [1]

---

[1] L'art. 299, bien que relatif au *divorce*, fournit un fort argument d'analogie pour soutenir que la *séparation de corps* entraîne déchéance des avantages faits par l'époux offensé à son conjoint. La force de l'induction tient ici à ce que les causes de la séparation sont l'adultère, les sévices.... en un mot, précisément les mêmes qui motivaient le divorce, avant 1816.

en matière de déchéances civiles, en matière de priviléges; et, en général, toutes les fois qu'on veut argumenter d'une décision exceptionnelle.

4° Argument *a fortiori*. L'argument *a fortiori ratione* n'est autre chose que le précédent porté à son plus haut degré d'énergie. La concession que fait la loi d'un droit plus étendu dans un cas semblable implique reconnaissance du droit moindre qui est réclamé dans l'espèce litigieuse. *Qui potest plus, potest minus.*

Exemple. Celui qui exerce, de bonne foi et en vertu d'un juste titre, un droit d'usufruit ou de servitude, acquerra-t-il ce droit par la prescription de dix ou vingt ans? Oui. « En effet, s'il possédait comme propriétaire, il acquerrait incontestablement ainsi la *propriété*, d'après l'art. 2265; or, qui peut le plus peut le moins; donc, à plus forte raison, prescrira-t-il par dix ou vingt ans de simples démembrements de la propriété. » — Autre exemple. Un défunt qui a donné ou légué tous ses biens meurt laissant un frère et un aïeul; ce dernier peut-il faire subir aux donataires une réduction du quart? Non. « En effet, le donataire exclut incontestablement le frère, d'après l'art. 916; d'un autre côté, le frère exclut l'aïeul de la succession, en vertu de l'art. 750 ; donc, à plus forte raison, le donataire exclut l'aïeul. Il peut lui dire : *Vinco vincentem te, a fortiori vincam te victum.* »

On ne peut pas mieux argumenter *a fortiori* qu'*a pari*, en matière pénale ou exceptionnelle. De ce que le Code pénal a prévu certaines contraventions presque insignifiantes, il ne s'ensuit pas que les tribunaux puissent frapper d'une peine les méfaits beaucoup plus graves qu'il a passés sous silence. De ce que le Code civil donne une hypothèque légale aux *légataires*, n'allez pas conclure qu'il en a donné une aux *créanciers* du défunt. — Une réfutation plus directe consiste à démontrer que le droit concédé par la loi est moins avantageux que le droit contesté ; dès lors l'induction tombe d'elle-même.

5° Argument *a contrario.* Quand de deux hypothèses directement inverses le législateur n'en a prévu qu'une seule, et l'a réglée d'une certaine manière, il est probable qu'il a entendu régler l'hypothèse contraire d'une manière opposée ; s'il a dit « oui » dans le premier cas, il a sans doute voulu dire « non » dans le second ; *Qui de uno dicit, de altero negat ;* ou réciproquement, *Qui de uno negat, de altero dicit.* Il est difficile de concevoir qu'il puisse se rencontrer une raison identique de décider, dans un cas tout différent. Du reste, il est presque également difficile de citer deux hypothèses contraires de tous points. Je puis seulement faire observer qu'une loi quelconque cesse d'être applicable quand la condition qu'elle indique n'est pas remplie. Ainsi l'art. 1654 autorise le vendeur à demander la résolution de la vente, au défaut de payement; donc, si le prix est payé, le vendeur ne peut invoquer l'art. 1654. Cela est trop évident.

Cependant l'argument *a contrario sensu* est d'une application fréquente. C'est qu'on l'emploie dans des hypothèses qui diffèrent sous certains rapports seulement des hypothèses réglées par la loi. Un texte formule une règle à l'égard des *meubles ;* on peut soutenir que la règle opposée doit être suivie à l'égard des *immeubles,* et réciproquement. Ici encore, on invoque l'adage *Qui de uno dicit, de altero negat,* bien qu'il n'y ait pas rigoureusement *unum* et *alterum.* Le soin que le législateur a pris de s'expliquer sur l'un des cas, fait présumer qu'il aurait statué autrement sur les autres. Enfin on fait valoir les raisons qui amènent cette décision différente.

De ces raisons de différence dépend la force ou la faiblesse de l'argument *a contrario.* Sont-elles solides? l'argument sera bon.

Sont-elles frivoles ou imaginées pour le besoin de justifier une divergence chimérique? l'argument n'aura pas de valeur.

Exemple. L'art. 2204 permet au créancier de poursuivre l'expropriation des *immeubles* de son débiteur. Gardez-vous d'en conclure que le créancier ne puisse faire vendre les *meubles*. Le législateur a simplement voulu dire que le créancier doit, pour la vente des immeubles, suivre des formes et observer des règles spéciales.

Toutes les fois qu'il se tire d'un texte qui renferme l'application pure et simple des principes généraux, l'argument *a contrario sensu* n'est pas concluant. Rien ne prouve, en effet, qu'en s'expliquant formellement sur une hypothèse, la loi ait voulu exclure dans les autres l'application du principe. (V. C. civ., art. 1164.) On a de nombreux exemples d'articles inutiles ou qui ont pour but unique de prévenir un doute [1]; on n'en a guère moins d'omissions non préméditées. Ceci montre pourquoi les jurisconsultes professent une défiance marquée à l'encontre de l'argument *a contrario*. Mais n'allons pas

[1] V. C. civ. 1115 comp. avec 1338; 791 comp. avec 1130; 6 et 1388-89 comp. avec 1172; 1195 comp. avec 1302; 1118 comp. avec 1313; 1905 comp. avec 1134; 2112 comp. avec 1692, etc., etc.

exagérer une idée juste et tomber dans l'erreur opposée.

L'argument *a contrario* est fort précisément dans les points où est faible l'argument d'analogie, c'est-à-dire dans les matières exceptionnelles : par exemple quand il s'agit de peines, de déchéances, de priviléges.

Exemples. L'art. 767 refuse la succession *ab intestat* au conjoint *divorcé;* concluons-en qu'elle appartient même au conjoint *séparé de corps.* — L'art. 2060-1° autorise la contrainte par corps pour dépôt *nécessaire;* donc elle n'a pas lieu pour dépôt *volontaire,* sauf l'application d'autres règles sous le coup desquelles se trouverait le débiteur. — L'art. 2103-1° donne un privilége au *vendeur* d'immeubles ; donc le *donateur* n'en a point pour garantie de l'exécution des charges de la donation.

Notons ici ce qu'on pourrait appeler un phénomène assez curieux de dialectique. Toutes les fois qu'un texte fournit un argument *a pari* en faveur d'une proposition, on en tire un argument *a contrario* en faveur de la proposition contraire, et réciproquement. Je n'ai pas besoin de dire que leur force est rarement égale; parfois cependant ils se balancent à peu près.

Je prendrai pour exemple la grande question de savoir si le détenteur quelconque d'un bien, à l'occasion duquel il est devenu créancier de celui auquel il doit le restituer, jouit d'un droit de rétention. Les partisans de l'affirmative argumentent *a pari* des art. 867, 1673, 1749 et 1948 ; pour eux, ces textes sont des applications d'une même idée ; ils sont inspirés par un motif d'équité semblable. Les partisans de la négative argumentent *a contrario* des mêmes textes, et y voient autant d'exceptions au principe de l'égalité des créanciers. Ces articles seraient inutiles, s'ils n'étaient que des conséquences d'une règle générale ; la peine que le législateur a prise de les formuler montre bien qu'il n'a pas voulu consacrer cette prétendue règle, si facile à promulguer une fois pour toutes.

6° Argument tiré de l'*inutilité* éventuelle du texte. Le législateur est présumé ne rien décréter de superflu. Si un article est susceptible de plusieurs interprétations, celle qui lui donne une application sérieuse doit être préférée : *potius ut valeat quam ut pereat*, disent les auteurs, en parlant des dispositions des particuliers. (V. C. civ., art. 1157.)

Faut-il que les témoins des testaments publics soient *citoyens ?* Oui, si l'on s'en tient à la loi du 25 ventôse an XI sur le notariat. Non, si l'on veut utiliser l'art. 980, en tant qu'il exige des témoins la jouissance des

droits civils ; cette disposition était bien su-
perflue, si les rédacteurs voulaient appliquer
aux testaments la règle générale des actes
notariés ; car il va de soi que les citoyens
jouissent des droits civils. — Peut-on, en
matière maritime, assigner *à bord* d'un vais-
seau le défendeur qui ne s'y trouve pas?
Non, d'après l'art. 68 C. proc. ; mais l'affirmative se tire de l'art. 419, si l'on ne veut
y voir une application tout à fait surabon-
dante de la règle qui permet de remettre une
assignation à la personne, en quelque lieu
qu'elle se trouve.

On atténue la force de cet argument en
rappelant les articles dont l'inutilité est incontestable ; on le détruit en prouvant que
le désir d'utiliser un mot ou une phrase du
texte entraînerait une violation des principes
généraux de droit.

Arguments tirés des travaux préparatoires.

Quand le texte ne fournit pas d'arguments
décisifs, il est souvent utile de consulter
les travaux préparatoires pour pénétrer la
pensée législative. On en compte plusieurs
espèces : les projets de loi et leurs transformations successives; les discussions au sein
des assemblées, les exposés de motifs et les
rapports qui précèdent la sanction. Pour les
questions qui se rattachent au Code civil,
on consultera : 1° les divers projets, et spé-

cialement celui qui fut communiqué à la magistrature ; 2° les observations des tribunaux comparées avec les changements qu'elles ont suggérés ; 3° la discussion au Conseil d'état ; 4° les observations du Tribunat ; 5° les rapports des tribuns et les exposés de motifs des orateurs du Gouvernement.

Lorsqu'une solution, controversée aujourd'hui, était consacrée par un article du projet primitif et que cet article a été supprimé, on argumentera de sa disparition pour la négative. Il est probable qu'elle était dans la pensée des rédacteurs, puisqu'ils ont refusé d'écrire l'affirmative dans leur œuvre.

On réfute ces sortes d'inductions de diverses manières : en prouvant que l'article a été retranché comme inutile, et non comme contraire à l'esprit de la loi ; en prouvant que la suppression a été fortuite, au lieu d'être le résultat d'une discussion préalable. La confection du Code civil fournit maint exemple de ce fait.

Les discussions des assemblées apportent parfois des arguments aux deux systèmes opposés. Il importe donc de vérifier si elles ont été suivies d'un vote sur le point litigieux et quel système a prévalu.

Les observations des Cours, celles du Tribunat sur les Codes du Consulat et de l'Empire ; celles des commissions parlementaires nommées pour examiner un projet, prouvent en faveur du système qu'elles ont défendu, si elles ont laissé des traces dans l'œuvre législative ; elles prouvent contre, si elles n'ont pas eu de suite.

Les discours des *orateurs* chargés par le gouvernement, auteur d'un projet de loi, d'en exposer les *motifs*, fournissent des inductions solides. On les combat en prouvant : 1° que les assertions de l'orateur sont vagues ; 2° qu'il a simplement délayé ou retourné le texte, sans apercevoir la difficulté en litige. Il est facile d'ailleurs de signaler des erreurs graves dans les exposés des motifs. Ainsi on lit dans le discours de Bigot-Préameneu sur la prescription, qu'elle est suspendue pendant les délais pour faire inventaire et délibérer ; or, l'art. 2259 donne à l'orateur un démenti formel. Bigot-Préameneu [1] dit encore, dans son discours sur les donations, que les dispositions testamentaires par lettres missives ne sont point admises ; assertion plus que douteuse. Le tribun Perrin, dans

[1] Tous les orateurs qui ont exposé les motifs du Code civil sont morts ; il n'est donc pas besoin de les qualifier Monsieur Portalis, Monsieur Cambacérès.... quand même on ne tiendrait pas compte du titre de citoyen que leur donnent les procès-verbaux. Je ne vois pas non plus pourquoi quelques auteurs persistent à dire M. de Lamoignon, M. Daguesseau, M. le procureur général Merlin, et.... Pothier tout court. (V. M. Duranton, *passim ;* Marcadé, sur 1324 et *passim ;* M. Bonnier, *Preuves,* n° 403, rapporte des discours tenus en *brumaire an XII* par le *comte* Duchâtel et le *comte* Berlier.) — V. p. 45, note.

son rapport sur le titre du désistement (Code de procéd. civ.), affirme, en termes élégants, que le désistement ne laisse après lui aucune crainte de voir renaître l'instance dont il est l'objet (comp. C. pr., art. 403). — Même lorsqu'ils ne contrarient pas ouvertement la volonté expresse du législateur, les exposés de motifs ne fournissent pas d'induction décisive : il est évident que l'assemblée, en présence de laquelle le discours a été prononcé, a pu voter le projet pour des raisons différentes. Cette réponse est surtout concluante contre les exposés présentés sous le Consulat et sous l'Empire, devant des corps législatifs muets et contraints d'admettre ou de repousser en bloc les projets de loi. Les discours relatifs à un article isolé et suivis d'un vote spécial à cet article, sont bien plus probants ; c'est ce qui a eu lieu sous la royauté constitutionnelle et sous la république ; aujourd'hui, on suit un système intermédiaire [1].

Les *rapports* rédigés au nom du Tribunat ou d'une commission de députés sont à peu près sur la même ligne que les exposés de motifs. Ils ont toutefois moins de force, n'étant pas émanés de l'autorité qui exerce l'initiative ; exceptez naturellement le cas où ils viennent à l'appui d'amendements précis que le vote parlementaire a sanctionnés et introduits dans le texte de la loi.

[1] V. ma *Théorie du droit constit.*, nᵒˢ 96, 131 ; p. 766.

Arguments de sources.

Les *sources* de la loi sont les textes antérieurs, les usages et traditions, les écrits des jurisconsultes anciens où elle a été puisée.

Il n'y a guère que des personnes étrangères à la science du droit qui croient à la possibilité de faire des lois entièrement neuves. La flatterie la plus hyperbolique ne va pas jusqu'à supposer qu'un code ait pu sortir entier du cerveau d'un seul homme. En parcourant le Code civil, on reconnaît que la meilleure portion des articles est tirée des écrits de Pothier ; d'autres jurisconsultes, Dumoulin, Ricard, Lebrun, Domat,.... ont dicté plusieurs dispositions. Le droit romain, le droit coutumier, les ordonnances des rois de France, surtout de Louis XV et de Louis XIV, la jurisprudence des parlements, la législation intermédiaire, ont apporté leur contingent. Ainsi les articles sur les contrats (art. 1100 à 1386, 1582 à 2091), sont tirés du droit romain, par l'intermédiaire de Pothier ; il en est de même des règles de l'accession, de l'usufruit, des servitudes, du régime dotal. La communauté dérive du droit coutumier, interprété par Pothier. Les coutumes ont fourni bien des règles de détail sur la distinction des choses, sur les successions, sur les donations.... Les ordonnances de Louis XV, c'est-à-dire de d'Aguesseau, ont produit les chapitres des donations entre-vifs, des testaments, des substitutions ; l'ordonnance de 1667 a donné des règles sur la preuve. La législation intermédiaire avait déjà rétabli le divorce, l'adoption, la liberté de prêter à intérêt, l'égalité des partages ; elle avait fondé la publicité des priviléges et hypothèques, et réglé l'expropriation forcée. — Les *innovations* introduites par les rédacteurs du Code sont en nombre restreint, et toutes de détail, sauf l'institution de la tutelle officieuse, laquelle est absolument hors d'usage [1].

Les mêmes observations s'appliquent aux autres Codes et aux lois quelconques ; les innovations y sont aussi rares, que les découvertes dans les autres branches des connaissances humaines. Qu'on ne s'étonne donc

[1] A qui revient *l'honneur* de ces rares innovations ? Aux rédacteurs des projets primitifs : Cambacérès, entre autres ; aux quatre rédacteurs du dernier projet : Bigot, Portalis, Tronchet, Maleville ; aux tribunaux qui l'éclairèrent de leurs observations ; au Conseil d'état qui le discuta et le rectifia ; aux trois consuls qui le proposèrent, et spécialement à leur chef qui, radicalement étranger à la science du droit, favorisa du moins par son influence politique toute-puissante l'achèvement de la loi ; au Tribunat, qui concourut à son amélioration, et tenta vainement d'en effacer le droit d'aubaine et la mort civile ; enfin, au Corps législatif qui le sanctionna par ses votes. En un mot, l'honneur d'avoir fait le Code civil, si restreint déjà par la multitude des règles que peuvent revendiquer les anciens jurisconsultes et les anciens législateurs, l'est encore par le nombre de ceux entre lesquels il se divise.

pas d'entendre proclamer la nécessité de remonter aux sources. L'étude de la loi en vigueur ne dispense pas d'étudier les lois abrogées. Pothier fournira toujours le plus sûr commentaire du Code civil, qui peut-être devrait porter son nom [1].

L'argument de source sert à deux fins : on l'emploie pour *interpréter* la loi nouvelle et pour en combler les *lacunes*.

Le premier usage suppose que la loi nouvelle emprunte le principe de la loi ancienne. En voici un exemple. L'art. 1571 veut que les fruits des immeubles dotaux soient, à la dissolution du mariage, répartis entre le mari et la femme, dans le même rapport suivant lequel l'année est divisée par la dissolution du mariage. Que décider, si la période de reproduction des fruits est plus longue que l'année ; par exemple, s'il s'agit d'un bois taillis qui se coupe tous les 5 ans ? D'après le Digeste, loi 7 § 7, *soluto matrimonio,* il faut partager la coupe dans le même rapport suivant lequel la période de 5 ans est divisée par la dissolution du mariage. Or, les rédacteurs du Code ont puisé leur règle générale dans le Digeste (7 § 1, *eod.*). Ils avaient sous les yeux les textes qui contenaient le développement de cette même règle. N'est-il

---

[1] L'honneur d'avoir fait une loi revient-il au jurisconsulte qui la rédige, ou à l'homme d'état qui la promulgue comme chef du pouvoir exécutif?

pas très-probable qu'ils ont entendu s'y référer? Reproduire un principe consacré depuis longtemps, et le reproduire sans restriction, ni explication, n'est-ce pas dire qu'on entend lui conserver la portée qu'il avait auparavant? que l'on veut en faire résulter les mêmes conséquences qu'on y attachait autrefois?

On reconnaîtra facilement, par la lecture de la loi 7, dont le texte occupe plus d'une colonne du Digeste, qu'elle contient le commentaire anticipé et presque indispensable des quatre lignes de l'art. 1571. La brièveté de l'art. 1351 appelle comme complément obligé le titre *de exceptione rei judicatæ*; le titre *de hereditate vendita* complète les art. 1695–98. En un mot, le droit romain fournit une multitude d'arguments de source. Aussi a-t-on peine à comprendre le préjugé qui porte certains magistrats à repousser les citations de lois romaines, comme de purs témoignages d'érudition. Peut-être ce préjugé est-il fondé sur l'habitude contractée par les auteurs, de citer simplement les textes, sans formuler, dans toute son étendue, l'argument de source, dont la répétition continuelle deviendrait fastidieuse dans un livre [1]...

---

[1] L'importance des sources a été méconnue, non seulement dans la pratique, mais dans la théorie, et par les esprits les plus opposés. Ainsi, H. Blondeau,

Les anciennes coutumes, les ordonnances, la législation intermédiaire, sont fécondes en arguments semblables. On lit, dans l'art. 217, que la femme mariée ne peut *aliéner* ni *acquérir* sans le consentement de son mari. S'ensuit-il qu'elle ne puisse faire un contrat qui ne constitue pas une aliénation ou une acquisition proprement dite ? Oui, d'après les *coutumes* de Paris et d'Orléans : « Femme mariée, dit la dernière (art. 194 et 196), ne se peut obliger... ne aucunement contracter... » — « Si elle fait aucun contrat, dit la première (art. 223 et 234), tel contrat est nul... »

Le défaut de transcription d'une donation entre-vifs peut être opposé par toutes personnes ayant intérêt, excepté le donateur (C. civ. 941). Peut-il être opposé par les héritiers du donateur? Oui, d'après l'*ordonnance* de 1731 : « Le défaut d'insinuation pourra être opposé, tant par les créanciers du dona-

dans un discours prononcé le 16 janvier 1841, et qui contient d'excellentes choses, ne veut pas que les candidats disent en argumentant : « Telle est la disposition de l'ancien droit français ou du droit romain. » — M. Taulier, dans sa Théorie du Code civil, déclare qu'il « expose la loi considérée dans son *indi-* » *vidualité actuellement vivante,* oubliant le droit ro- » main, l'ancienne jurisprudence.... On ne trouvera » pas dans son livre un peu de tout.... mais.... les » *veines,* les *muscles,* les *traits,* l'*âme* de la loi s'y des- » sineront tout entiers. » Si M. Taulier avait suivi jusqu'au bout sa métaphore, il aurait bientôt aperçu que tout être vivant reçoit son organisation d'un être antérieur qui l'a engendré.

teur que par ses héritiers, » portait l'art. 27.
— Non, d'après la *loi du* 11 *brumaire an VII,*
dont l'art. 26 défend seulement d'opposer
les actes non transcrits aux tiers qui ont
contracté avec le vendeur. — Cet exemple
a ceci de remarquable, qu'il présente un conflit de sources. Le chapitre des donations
entre-vifs est extrait de l'ordonnance de
1731 ; mais les règles sur la transcription
sont puisées dans la législation intermédiaire. De l'embarras du choix naît une difficulté sérieuse et fort controversée.

Observons, en passant, que les commen-
tateurs de la législation antérieure et la
jurisprudence qui en a déterminé l'application, jouissent d'une autorité qui ne saurait
appartenir aux écrivains ni aux tribunaux
modernes, quelle que pût être d'ailleurs la
supériorité du mérite scientifique de ces derniers. Il est permis d'argumenter du commentaire de Lemaître sur la coutume de
Paris, pour expliquer un article du Code ;
tandis que la citation de Merlin, jurisconsulte
éminent, mais postérieur au Code civil, ne
constituerait pas un argument solide.

Les exemples tirés d'anciens auteurs sont
innombrables. J'en prendrai quelques-uns
dans Pothier. — En lisant l'art. 548 : « Les
fruits *n'appartiennent* au propriétaire *qu'*à
la charge de rembourser les frais faits par
des tiers, » on est bien tenté de croire que

les fruits appartiennent aux tiers jusqu'à remboursement intégral de leurs déboursés. L'assertion de Pothier (*Propriété*, n° 51) démontre le contraire : « J'acquiers les fruits, quand même ce serait un autre que moi qui aurait ensemencé et cultivé.... Le propriétaire est *seulement obligé* en ce cas à rembourser le prix des semences et des façons...» — Qui ne s'imaginerait, à la simple lecture de l'art. 564, que les pigeons attirés par fraude dans un autre colombier continuent d'appartenir à leur ancien maître? L'illusion disparaît, si l'on consulte Pothier (*Propriété*, n° 167) : « Nous pouvons acquérir très-légitimement les pigeons qui désertent les colombiers voisins.... Mais si le propriétaire d'un colombier y avait attaché quelque chose pour y attirer les pigeons.... les voisins auraient contre lui l'action *de dolo*... pour leurs dommages-intérêts. » — Aux termes des art. 1009 et 1012, les légataires à titre universel et les légataires universels non saisis sont *tenus des dettes* du testateur. Mais en sont-ils tenus *ultra vires?* Oui, disent ceux qui s'en tiennent à la lettre du Code[1]. Non,

[1] V. Merlin, Grenier, etc.; un arrêt de la Cour de cassation du 13 août 1851, et un article de M. Nicias-Gaillard dans la Revue critique de jurispr. de 1852. J'ai réfuté l'arrêt et l'article dans le même recueil, tome II, pag. 167 à 180, 469 à 484. — M. Taulier (ci-dessus, pag. 40) met ici, bien entendu, les sources de côté : son unique argument est tiré de la *propriété*

répliquent ceux qui en rapprochent l'introduction à la coutume d'Orléans : « Les légataires et donataires à titre universel, dit
Pothier[1], sont tenus des dettes... ; mais
comme ils n'en sont tenus que parce que les
dettes sont une charge des biens légués ou
donnés, ils n'en sont pas tenus *ultra vires ;*
ils peuvent se décharger des dettes en aban-
donnant les biens, et en cela ils diffèrent
des héritiers. »

L'argument de source est parfois le seul
moyen que l'on ait de démontrer une proposition juridique dans le silence des textes.
Le Code civil est muet sur l'acquisition de
propriété par la chasse ; il avertit seulement que la faculté de chasser est réglée par
des lois particulières (art. 715); or ces lois
sont tout aussi muettes sur la propriété du
gibier. Mais les lois romaines sont plus ex-
plicites : *Feræ bestiæ et volucres et pisces, id
est omnia animalia... simul atque ab aliquo
capta fuerint... statim illius esse incipiunt,*
disent les Institutes (§ 12, *de rerum divis.*)
et le Digeste (1, § 1, *de adquirendo dominio*).
Pothier, à une époque plus rapprochée de
nous, reproduit la même décision dans son
Traité de la propriété, n° 24. — On démon-

des légataires ; or les légataires particuliers, qui sont
aussi propriétaires, ne sont point tenus des dettes.

[1] Tit. XVII, n° 113. — On peut argumenter, dans le
même sens, de Ricard (*Donations*, n°⁵ 1508, 1511) et de
Lebrun (*Success.*, IV, ij, I, n° 3).

tre par des arguments semblables : 1° que l'acquéreur de bonne foi et à juste titre peut revendiquer la chose contre un tiers qui n'a pas les mêmes avantages (Instit., § 4, *de actionibus;* Dig., *de publiciana actione;* Pothier, *propriété*, n° 292); 2° que le créancier gagiste peut revendiquer son gage, au moins en cas de perte ou de vol, entre les mains d'un détenteur quelconque (Instit., § 7, *de actionibus;* Dig., *de pignoribus*). Les textes modernes, loin de s'expliquer sur ces deux points, fourniraient plutôt des arguments *a contrario* pour la négative (*V.* C. pr., 23, et C. civ. 2279).

Pour que l'argument de source ait toute sa force, il faut prouver que la décision invoquée est demeurée en vigueur jusqu'à la promulgation de la loi nouvelle, et que son omission n'est pas préméditée. Il en serait autrement, si les exposés de motifs, si les travaux préparatoires de la législation récente exprimaient l'intention d'abroger la loi ancienne, en évitant de la reproduire. C'est ce qui n'a point lieu pour la propriété du gibier, dont je parlais tout à l'heure. Jusqu'à la promulgation du Code, on a observé la décision du droit romain, qui attribue les animaux sauvages au premier occupant. Rien, dans les projets ni dans la discussion du Conseil d'état, ni dans l'exposé des motifs, n'annonce l'intention d'innover; or, si les rédacteurs eussent voulu abroger une règle aussi ancienne, aussi universellement pratiquée, ils n'auraient pas manqué de s'en expliquer catégoriquement [1].

Entre deux sources législatives, il convient de préférer la source *immédiate* à la plus éloignée. Ainsi la jurisprudence des pays de droit *écrit* l'emporte à cet égard sur le droit *romain;* il en est de même des traités de Pothier, bien qu'en général le droit romain y soit reproduit. Le droit de Justinien l'emporte sur le droit anté-Justinien; la législation intermédiaire, sur l'ancien droit français. En effet, l'axiome d'après lequel l'innovation ne se présume pas, aboutit à maintenir la règle qui était en vigueur immédiatement avant la loi nouvelle, et non à ressusciter une disposition antérieurement abrogée. Pour qu'il en fût autrement, il faudrait que les travaux préparatoires révélassent l'intention de revenir aux règles primitives. — Ainsi on invoquera les titres des coutumes sur le droit de garde, plutôt que les lois romaines sur l'usufruit du père de famille. Si l'on voulait argumenter du droit romain re-

---

[1] Il faut considérer comme le résultat d'une inadvertance la phrase suivante du tribun Siméon, depuis membre de la section de législation de l'Institut. « L'état social ne permet pas que la chasse, la pêche, les trésors.... soient.... au premier occupant. » — En sens inverse, ne nous contentons pas de dire que la chose est *évidente,* comme le fait Marcadé, dont le commentaire sur les art. 713 à 715 est bien faible.

lativement à la faculté d'adopter les enfants naturels, on le trouverait plus favorable à la négative qu'à l'affirmative, parce que Justinien a prohibé en dernier lieu ce genre d'adoption.

Lorsque, de deux règles, l'une a été ignorée des rédacteurs de la loi nouvelle, l'autre fonde seule un argument de source. On ne saurait chercher la pensée des rédacteurs du Code civil dans certaines décisions dont l'existence nous a été révélée par la découverte de manuscrits inconnus en 1804. Tels sont les fragments du Vatican et les Institutes de Gaïus.

L'argument de source perd sa force quand la *filiation* des règles est douteuse. On ne sait pas toujours si les rédacteurs du Code ont puisé leurs principes dans le droit *coutumier* ou dans le droit *écrit*. Les partisans de l'un ont souvent lutté contre les partisans de l'autre, et la victoire est demeurée parfois incertaine; par exemple, à l'occasion de l'*hérédité* testamentaire, les rédacteurs de pays coutumiers ont obtenu qu'elle fût assimilée à un simple *legs* universel dans l'article 1002; cependant, les jurisconsultes du Midi lui ont fait attribuer la saisine, dans l'art. 1006. — Quand une question a été l'objet d'une controverse entre les anciens auteurs, il est difficile que l'invocation de leur nom suffise pour la résoudre. Ricard et

Furgole considéraient comme absolument *nulle* la donation entre-vifs, acceptée par un incapable non autorisé. Mais Pothier avait embrassé la doctrine contraire; il n'accordait l'action en nullité qu'à l'incapable, et non au donateur. Ici donc les autorités se partagent. Du reste, les rédacteurs du Code étaient avertis; ils sont inexcusables de n'avoir pas tranché la question.

L'argument de source est très-faible en matière de *pénalités*, de déchéances, de priviléges; et, en général, toutes les fois que la décision admise par le droit ancien était contraire aux principes généraux. L'obscurité d'un texte du Code pénal n'autorise point à en aggraver la rigueur au moyen d'un texte abrogé. Même en matière civile, l'allégation d'une règle antérieure n'autorise point à prononcer des incapacités, à imposer des conditions de forme. Bien que la loi du 11 brumaire an VII exigeât avec raison la *transcription* de l'acte de vente pour que la propriété de l'immeuble vendu fût transférée à l'acheteur, il suffisait que le Code civil eût omis de reproduire cette exigence, pour que les acheteurs fussent désormais dispensés de la remplir.

Évitons de confondre, avec l'argument de source, le sophisme que plusieurs nomment *argument d'autorité*, et qui peut se réduire à peu près aux termes suivants : « Telle proposition est vraie, car elle est admise par tel auteur ou par tel tribunal. » Tous les jours, au palais, on entend échanger des *citations* de livres et d'*arrêts*. L'avocat du demandeur invoque Merlin, Proudhon et la cour d'appel de Paris; l'avocat du défendeur appelle à son secours Toullier, Henrion de Pansey et la cour de Lyon. On oppose au besoin la seconde édition d'un livre à la première, et la cour de cassation à elle-même. La facilité de trouver des autorités pour et contre sur toutes les questions sérieuses (et leur nombre, en droit, est incalculable) suffit pour démontrer la faiblesse de cette méthode d'argumentation [1]. Le plus habile jurisconsulte est faillible; le tribunal le plus élevé de la hiérarchie judiciaire est sujet à l'erreur. Les facultés les plus brillantes ont leur enfance et leur déclin. La composition des tribunaux est variable; les garanties de capacité qu'on exige de leurs membres sont incomplètes. L'avocat qui fonde la justice de sa cause sur des citations d'arrêts et de livres modernes spécule sur l'instinct d'imitation, la paresse d'esprit, la timidité, l'igno-

---

[1] La Cour de cassation avait jugé le 17 août 1840 qu'un mariage contracté en pays étranger est nul s'il n'a été précédé de publications en France. Le *lendemain*, 18 août 1840, elle a jugé le contraire. Elle a successivement déclaré l'adoption des enfants naturels, valable, en 1841; nulle, en 1843; valable, en 1846.

rance du juge. Il espère que le tribunal acceptera la décision toute faite dans les auteurs en renom ou dans les précédents judiciaires, pour se dispenser d'une recherche plus pénible, dont le résultat engagerait sa responsabilité scientifique. L'avocat qui rappelle au juge ses décisions antérieures sur la même question, spécule en outre sur la vanité qui interdit la rétractation d'une erreur.

Faisons pourtant une distinction entre l'école et le palais, entre les luttes purement théoriques et les procès véritables. L'avocat *représente* son client, et ne doit négliger aucun moyen licite de succès; or, si la logique dédaigne l'argument d'autorité, la morale vulgaire n'en condamne pas l'emploi, pourvu que les citations soient sincères [1]. On conçoit donc jusqu'à un certain point qu'une plaidoirie se complète avec des allégations d'auteurs ou de jugements. Il en est autrement dans une discussion scientifique. Toutes les inductions doivent se tirer de majeures incontestables; or ici la majeure consiste à supposer infaillible l'écrivain ou le tribunal cité, ce qui est absurde [2].

[1] Que faut-il penser de l'avocat qui invoque hardiment un arrêt supposé ?

[2] Je ne saurais toutefois blâmer absolument le candidat qui, poussé à bout et trop lestement traité par son adversaire, met sa doctrine sous la protec-

La faute serait encore plus grave, si l'on invoquait l'autorité d'un auteur vivant, d'un professeur de l'École ou de toute autre personne envers laquelle l'argumentant est tenu à des égards. On le placerait ainsi dans une situation fausse. Les citations de ce genre blessent donc les convenances en même temps que la logique.

On objectera peut-être à la manière dont j'envisage la jurisprudence des arrêts, la présomption légale de vérité qui s'attache aux sentences passées en force de *chose jugée* (art. 1350). Je réponds que l'effet de cette présomption se produit exclusivement entre les parties, et pour la question qui fait l'objet du procès (art. 1351). *Res inter alios judicata aliis non nocet.* Donc rien n'empêche de soumettre de nouveau la même question au même tribunal. Si l'on réussit à modifier sa conviction, son devoir sera de modifier sa sentence; et, si l'on ne peut sérieusement affirmer qu'il ait bien jugé dans les deux cas (*e sempre bene,* disait un plaideur italien), ses deux décisions n'en seront pas moins exécutoires. A plus forte raison est-il permis d'espérer une solution différente d'un tribunal différent. La cour de cassation elle-même ne jouit pas de la puissance législative. Les cours et tribunaux

tion d'un nom célèbre. C'est un moyen d'écarter une attaque inconvenante dans la forme.

commettraient des excès de pouvoir punissables s'ils s'avisaient, à l'exemple des anciens parlements, d'édicter des règlements généraux (C. civ. 5). Le respect dû à la chose jugée oblige d'exécuter les arrêts déjà rendus; il n'interdit pas aux plaideurs d'en provoquer de nouveaux, ni aux tribunaux inférieurs de suivre leur conviction, sans se préoccuper de la jurisprudence des cours supérieures.

Dans la *pratique* des affaires, il est rare, surtout quand un arrêt est récent, que l'on découvre des arguments nouveaux assez décisifs pour ébranler la persuasion de la cour; on a donc peu de chances, en général, d'obtenir qu'elle réforme sa jurisprudence. Si l'on s'adresse à un juge différent, les chances de succès sont plus nombreuses, mais ne l'emportent pas encore sur les chances défavorables. Un précédent judiciaire exerce une influence inévitable sur le juge saisi d'une demande. A la prévention se joint souvent la crainte de voir sa décision réformée par le juge supérieur ou annulée par la cour suprême. Les avocats sont donc obligés de se tenir au courant de la *jurisprudence*. Il importe d'avertir le client du danger qu'il court à intenter un procès déjà perdu par d'autres. Tel jurisconsulte enseigne que la dot mobilière est évidemment aliénable; il détournera néanmoins les plaideurs de soutenir la validité de l'aliénation... tant que la cour de cassation n'aura pas réformé sa jurisprudence sur cette question.

Les auteurs qui écrivent pour la pratique font sagement d'indiquer le dernier état de la jurisprudence. La raison est la même. Il suffit qu'ils prennent la peine de formuler leur opinion personnelle d'une manière indépendante, et de l'asseoir sur des fondements plus solides que des dates d'arrêts. On voit avec regret d'éminents écrivains abdiquer leur conviction devant les prétendus oracles de l'ordre judiciaire [1].

Les étudiants éviteront soigneusement de transformer un arrêt en article de loi, sauf à en tenir compte plus tard, quand ils s'adonneront à la pratique du barreau.

---

[1] Grenier, dans la première édition du *Traité des donations*, indique une manière de réduire les libéralités excessives faites au profit d'un conjoint et d'un étranger. Il l'abandonne dans sa deuxième édition, à cause de deux arrêts; il y revient dans la troisième, parce que les deux arrêts, mieux examinés, ne contrarient pas sa doctrine. — Toullier avait soutenu qu'un acte peut acquérir date certaine par d'autres événements que ceux énumérés dans l'art. 1328. Survient un arrêt contraire de la Cour de cassation; Toullier se rétracte et s'écrie : Toute discussion doit désormais cesser! Ailleurs (tome iii, n° 635) il sacrifie une doctrine motivée à un arrêt dont il ne rapporte pas les motifs. — M. Duranton fait également ment à la Cour suprême le sacrifice de plusieurs de ses opinions, notamment de sa doctrine sur la nullité des donations déguisées sous la forme d'un contrat onéreux.

Arguments tirés des principes du droit.

Si le texte de la loi est muet ou obscur; si les travaux préparatoires n'en dissipent pas l'obscurité et que les sources ne suppléent pas à son silence, il faut bien remonter aux *principes généraux* du droit.

La plupart de ces principes ont été consacrés par les lois. Quand cela est ainsi, les inductions qu'on en tire se confondent avec les arguments de texte. Mais un assez grand nombre d'entre eux n'ont pas reçu la sanction législative, ou du moins ne l'ont reçue qu'indirectement, parce que la loi en a tiré quelques conséquences plus ou moins éloignées. C'est de ces derniers qu'il s'agit ici.

Exemple. On se demande si le tribunal *français*, devant qui l'on produit un jugement émané d'un tribunal *étranger*, a le droit de reviser un jugement? L'affirmative se déduit des principes généraux sur les fonctions publiques : elles n'appartiennent qu'aux officiers nommés ou élus conformément à la constitution du pays où l'on se trouve. Les fonctionnaires étrangers sont à notre égard de simples particuliers, sans aucune espèce de pouvoir; leurs actes n'ont aucune valeur. Donc la sentence d'un juge étranger n'a pas plus de force que l'opinion d'un simple particulier. On objecte[1] que cette règle était écrite dans une vieille ordonnance, nommée le Code Michaud, et que cette ordonnance est abrogée. Mais qu'importe? Le principe invoqué ne tire point sa vertu du Code Michaud; il résulte du raisonnement, ou, si l'on veut, de la théorie du mandat. Les Français n'ont pas besoin du Code Michaud pour désobéir à des magistrats de Constantinople ou de Saint-Pétersbourg.

J'assimilerai aux arguments tirés des principes du droit ceux que l'on puise dans des *vérités philosophiques*, ou qui se rattachent à d'autres branches des connaissances humaines.

Exemple. On demande si l'enfant né 301 jours après la dissolution du mariage peut être déclaré légitime par le juge? Oui, puisque la médecine légale atteste la possibilité d'une gestation de 301 jours. Il faudrait, pour décider le contraire, qu'une loi expresse défendît de déclarer la légitimité dans l'hypothèse dont il s'agit; or l'art. 315 permet seulement de la *contester*. Les art. 312 et 314 statuent dans une hypothèse distincte, et ont d'ailleurs été dictés par l'intérêt de l'enfant; on ne saurait les retourner contre lui.

[1] Boitard, MM. Bugnet, Colmet-Daage, etc.

Autre question. Peut-on reconnaître son enfant naturel après sa mort? Oui, car on est toujours libre de déclarer la vérité d'un fait; or la reconnaissance n'est autre chose qu'une déclaration de la vérité du fait de la génération naturelle.

Je rattacherai à cette catégorie les arguments *par l'absurde*, qui, au lieu d'établir directement la vérité de la proposition contestée, démontrent que tout système contraire conduit à des conséquences fausses.

On les repousse en prouvant que les conséquences irrationnelles ne résultent pas nécessairement de la doctrine opposée. La réfutation est surtout facile si l'adversaire, comme cela se voit parfois, a eu recours à des suppositions forcées ou tellement extraordinaires qu'on puisse les négliger sans inconvénient.

On réfute les arguments tirés des principes généraux, en montrant que la conséquence est mal déduite, ou bien en contestant le principe lui-même. Celui qui l'invoque est alors tenu d'en donner la démonstration; ce qu'il fera, soit en prenant pour point de départ la nature des choses, soit en recherchant les traces que le principe a laissées dans la loi. L'axiome : nul ne doit s'enrichir aux dépens d'autrui, n'est pas écrit en toutes lettres dans les textes; cependant un grand nombre d'articles en découlent; puisque la loi admet tant de conséquences, il est clair qu'elle n'a pas repoussé le principe générateur.

Ceux qui ne reconnaissent pas de droit naturel [1] ou philosophique, confondent les arguments dont je viens de parler avec les suivants.

Arguments tirés de l'équité.

L'équité, quand on l'oppose au droit, désigne une collection de règles non sanctionnées par la loi et fondées sur le pur raisonnement. Elles se déduisent en grande partie du principe de l'égalité (*æquum*, égal), qui prescrit la répartition proportionnelle des avantages et des charges [2].

On demande si l'usufruitier, qui a construit sur le fonds dont il a l'usufruit, peut réclamer une indemnité pour ses constructions? Oui; autrement il aurait fait, presque en pure perte, un sacrifice dont profiterait le nu propriétaire, bien que l'usufruitier n'eût point l'intention de donner gratuitement.

L'équité veut qu'on respecte les *attentes* légitimement conçues. Le créancier a droit de compter sur le payement. Le créancier

[1] Par ex. Bentham, H. Blondeau. V. à cet égard mon *Droit constit.*, n°⁵ 242 à 249.

[2] V. mon *Droit constit.*, n°⁵ 274 et suiv.; n°⁵ 219 et suiv.

gagiste a sujet de compter sur la valeur de son gage à l'exclusion des autres créanciers. L'auteur d'un fait, que la loi en vigueur ne frappait d'aucune peine, a dû compter qu'il ne serait jamais poursuivi, lors même qu'une loi ultérieure se montrerait plus sévère.

L'expression *attente* est ici le mot propre : elle est préférable au mot *espérance*, peut-être plus usité. Un débiteur s'attend à être forcé de payer ; un délinquant s'attend à subir une peine. On peut dire qu'un héritier présomptif s'attend à recueillir la succession de son auteur ; dire, comme on le fait journellement, qu'il a des « espérances », offre une idée choquante.

On argumente fréquemment des attentes en matière d'effet rétroactif et de concours de créanciers. — Exemple. C'est une question grave que celle de savoir si l'architecte prime les créanciers hypothécaires inscrits avant le commencement des travaux ? Pour la négative [1], on dit que les créanciers ont dû s'attendre à l'extension de leur hypothèque sur les accroissements de l'immeuble hypothéqué. Pour l'affirmative, on répond qu'ils n'ont pas dû s'attendre à profiter d'une augmentation gratuite, au détriment de celui qui l'a opérée. L'architecte, au contraire, a pu raisonnablement croire que la nouvelle

---

[1] MM. Valette, Gaslonde, etc. V. mes *Notes*, nᵒ 8508.

valeur immobilière, provenant de ses travaux, serait avant tout affectée au payement de ses avances et de ses honoraires.

Les considérations puisées dans la *bonne* ou la *mauvaise foi* des parties se rattachent aux arguments tirés de l'attente.

Les questions qu'engendre l'ambiguïté des testaments et des contrats se résolvent souvent sans le secours des textes législatifs. On recherche alors, de son mieux, la pensée du disposant ou des parties contractantes (V. *C. civ.* 1156 *à* 1164). — Dans les contrats onéreux qui composent la grande majorité des transactions, on balance les sacrifices respectifs, et l'on en tire des inductions pour déterminer l'étendue des obligations en litige.

Le législateur est présumé vouloir se conformer aux règles de l'équité. Ces règles fournissent donc une argumentation solide dans le silence de la loi. Mais, pour peu que le texte soit explicite, les simples considérations perdent toute leur force. La loi est obligatoire malgré ses défauts : disons plus, malgré son iniquité reconnue. De là le brocard : *dura lex, scripta tamen*, ou *dura lex, sed lex.* Celui qui produit en faveur de son opinion un texte formel peut défier toutes les objections de l'équité; il peut même se dispenser de les discuter une à une et les accorder toutes en masse : c'est ce qu'on nomme trivialement : se mettre à cheval sur le texte de la loi. En pareil cas, on offre impunément à l'adversaire de se joindre à lui pour demander la réforme du Code. En effet, montrer les inconvénients d'une règle, ce n'est pas en infirmer la force obligatoire ; c'est tout au plus enseigner ce qu'aurait dû faire la loi ; c'est quitter le rôle d'interprète pour usurper celui de législateur.

Sophismes juridiques.

Tout raisonnement consiste à déduire d'une vérité une proposition qui s'y trouve renfermée. Donc le vice d'un sophisme quelconque consiste en ce que la proposition génératrice est fausse ; ou, si elle est vraie, en ce que la conclusion en est mal à propos déduite. Donc, toute l'attention de celui qui cherche à reconnaître la fausseté d'un raisonnement, doit se concentrer : d'abord sur la majeure ; puis, sur le rapport que l'on veut établir entre la majeure et la conclusion au moyen de la mineure.

C'est là le seul *criterium* que fournisse la logique pour découvrir les sophismes.

Si l'on voulait classer les sophismes juridiques, on en trouverait autant que de formes d'arguments. Restreindre la généralité d'une disposition législative ; y ajouter ou y sous-entendre une condition qu'elle n'impose pas ;

décider différemment, malgré l'analogie des hypothèses ; décider de même, malgré la différence des cas ; mettre de côté les travaux préparatoires, les sources, les principes du droit ou les considérations d'équité, c'est s'exposer à commettre des erreurs juridiques. Mais les opérations inverses, employées mal à propos, conduisent également au sophisme, comme je l'ai fait voir en montrant, à la suite de chaque argument, les moyens de le réfuter. Je pourrais donc me contenter de renvoyer aux paragraphes précédents. V. p. 20 à 58. Néanmoins, comme on ne saurait trop multiplier les exemples en pareille matière, je vais indiquer quelques paralogismes tirés d'auteurs en crédit.

I. Proposition faussement rattachée à un principe. — Suivant M. Troplong (vente, n° 235), « l'effet de la nullité de la vente de la chose *d'autrui*, c'est d'empêcher la propriété de passer sur la tête de l'acheteur ; c'est de l'obliger de rendre la chose au véritable propriétaire et de donner à celui-ci un droit de revendication. » — Si M. Troplong avait observé que tous les effets dont il s'agit avaient lieu en droit romain quand la vente de la chose d'autrui était valable, il se serait bientôt convaincu de l'inexactitude de sa proposition. Le propriétaire conserve son droit tant qu'il ne l'a pas aliéné (art. 545) ;

il revendique sa chose contre tout tiers possesseur, que celui-ci l'ait ou non achetée; donc la validité de l'achat fait par le détenteur est tout à fait indifférente [1].

II. De ce qu'un droit a *l'un* des caractères qui appartiennent à telle classe de droits, on conclut à tort qu'il doit y être rangé.

M. Troplong décide que le droit du preneur à bail est *réel*, parce que ce droit, depuis l'art. 1743, est opposable à l'acquéreur de la chose louée. Mais cette anomalie, introduite par faveur pour l'agriculture, n'autorise point à supposer une innovation plus radicale qui n'est écrite nulle part. Si le preneur avait un droit réel, il aurait une action confessoire, comme l'usufruitier, contre un tiers détenteur quelconque. De ce que l'art. 1743 lui donne un *jus adversus emptorem*, il ne s'ensuit pas qu'il ait un *jus adversus omnes* [2].

---

[1] Par la même raison, c'est à tort que des auteurs invoquent l'art. 1599 : 1° pour prouver que l'héritier véritable peut revendiquer les biens vendus par l'héritier apparent (V. M. Duranton, 1, n° 577); 2° pour prouver que la vente des fruits par l'usufruitier n'oblige pas le nu-propriétaire, si l'usufruit s'éteint avant la récolte (V. Marcadé, sur l'art. 585, n° 6). C'est l'art. 1165 qui fournit la raison de décider dans ce dernier cas.

[2] Toullier semble, dans divers passages (VI, n°ˢ 435 et 436), avoir précédé M. Troplong dans son erreur.

III. C'est à tort également qu'on se préoccuperait d'une circonstance *accidentelle* ou secondaire pour classer un droit.

Je donnerai pour exemple la doctrine qui tend à faire du droit de gage ou d'hypothèque un droit personnel [1]. Il est vrai que ce droit consiste à vendre la chose, c'est-à-dire à la transformer en une somme d'argent ; mais ce résultat éloigné de l'exercice du droit tient aux principes sur l'exécution des jugements et le concours des créanciers ; il n'empêche point que la chose engagée ou hypothéquée ne soit l'objet immédiat du droit.

IV. Une faute inverse consiste à négliger les circonstances qui accompagnent deux actes analogues, pour arriver à une identité prétendue.

Toullier (VII, 119) soutient « qu'il n'y a nulle différence à établir entre la *cession* (de créance) et la *subrogation* » qui s'opère par le consentement du créancier. — En effet, ce sont deux transmissions volontaires des droits du créancier [2]. Mais la première sup-

---

[1] Marcadé, en soutenant cette opinion quant à l'hypothèque (je ne sais s'il se contredit à l'égard du droit de gage), se heurte contre un autre écueil, qui consiste à créer des *fictions* sans nécessité : il voit dans l'immeuble hypothéqué un codébiteur solidaire.

[2] Dire avec quelques professeurs (entre autres M. Valette) que la subrogation est un payement, c'est

pose la stipulation d'un prix ou d'un avantage quelconque, si elle n'est gratuite; la seconde suppose un payement. V. les art. 1249 à 1252 et la rubrique dont ils sont précédés.

L'intérêt de la controverse est surtout dans la nécessité de *signifier* au débiteur, imposée au cessionnaire (art. 1690) et non au subrogé. Quand la cession d'une créance pécuniaire se fait pour un prix précisément égal à la somme due, les deux actes ne diffèrent que par le nom; il est prudent alors au nouveau créancier de stipuler une subrogation plutôt qu'une cession, pour éviter la nécessité de signifier.

V. Une *fausse application* d'un *terme* a fait tomber Toullier dans une erreur fort célèbre à l'École.

En principe, l'acte sous seing privé fait foi contre les *ayant-cause* du souscripteur. Toullier en conclut qu'un acheteur par acte authentique ne peut contester la date d'un achat de la même chose fait, sous seing privé, par un autre acheteur qui prétend avoir contracté le premier. — L'acheteur est bien l'ayant-cause du vendeur; mais il ne peut être tenu que des faits de son auteur anté-

altérer inutilement le sens des mots, et mettre de côté leur étymologie. « Subroger » n'a jamais voulu dire autre chose que « substituer. » V. art. 1407.

rieurs au moment où il lui a succédé; les actes ultérieurs ne sauraient le grever. Donc tous ceux qui invoquent contre lui une concession de son vendeur, doivent prouver qu'elle est antérieure au titre de l'acheteur dont il s'agit; or l'antériorité ne peut se prouver par un acte sous seing privé (article 1328).

L'art. 1322 attribue, il est vrai, à l'acte privé la même foi qu'à l'acte authentique; mais cette phrase, puisée dans Pothier (n° 708), doit recevoir la restriction qu'y apporte lui-même cet auteur (n° 715); elle n'a pas trait à l'époque de l'acte. Il faut donc, en ce qui touche la date, recourir à l'art. 1328, qui déroge complétement, sous ce rapport, à l'art. 1322[1].

VI. On ne saurait tirer une objection de l'article qui exige une certaine *condition*, quand cette condition est censée accomplie en vertu d'une autre règle.

Proudhon ne veut pas que les enfants d'un absent le *représentent* dans la succession ouverte à son profit depuis sa disparition, à cause de l'art. 744 qui défend de représenter les personnes vivantes. — L'erreur est ma-

[1] À l'égard des ayant-cause qui succèdent à la mort du souscripteur, l'art. 1328 ne leur préjudicie pas; rien n'empêche de leur appliquer, soit l'art. 1322, soit une proposition semblable, fondée sur les art. 1122, 724, etc.

nifeste : la loi considère provisoirement l'absent comme mort, puisqu'elle prescrit de distribuer la succession, comme s'il n'était pas héritier. Cette supposition est la seule base des prétentions de ses cohéritiers à absorber sa part; donc ils ne peuvent empêcher ses enfants d'invoquer la même supposition.

Proudhon objecte les mots de l'art. 136 : « elle sera dévolue à ceux avec lesquels il aurait eu droit de concourir... » C'est un autre abus d'interprétation. L'art. 136 n'a voulu faire qu'une sorte de renvoi abrégé aux règles générales des successions; ce renvoi ne peut avoir la même exactitude qu'une reproduction complète des règles. Comparez les art. 786 et 733-3°.

Le système de Proudhon s'expose d'ordinaire sous la forme d'un *dilemme*. On nomme ainsi la décomposition des moyens de l'adversaire pour les réfuter séparément. C'est aussi la décomposition de l'hypothèse en deux hypothèses distinctes pour faciliter la solution de la question. Voyez-en un exemple dans mes notes sur le Code civil, n° 4382. Pour que le dilemme aboutisse, il faut que chaque démonstration partielle soit péremptoire. C'est ce qui n'arrive point dans notre question. « De deux choses l'une, disent les partisans de Proudhon : ou les enfants de l'absent viennent par transmission, ou par représentation; s'ils viennent par

transmission, ils doivent prouver la survie;
si par représentation, ils doivent prouver le
prédécès. » La première assertion est vraie;
mais la seconde est fausse.

VII. On tombe dans l'erreur, quand on
veut tirer argument d'une disposition relative à *d'autres objets* et formulée dans un
but distinct [1].

Tel est l'argument que Delvincourt et
M. Duranton puisent dans l'art. 783 pour
prouver que l'héritier est tenu des legs *ultra
vires*. V. mes *notes*, n°s 2748, 3684.

Tel est encore l'argument *a contrario* que
la Cour de cassation tire de l'art. 911 pour
décider, malgré tout le chapitre IV du titre
des donations, qu'une donation entre-vifs
est valable sans formes, quand on la déguise
sous les apparences d'un contrat onéreux.
On fait aussi à ce sujet un singulier paralo-
gisme en invoquant l'idée d'après laquelle
ce qui est permis directement doit être permis indirectement; en effet, il est de toute
fausseté qu'il soit permis de donner directement entre-vifs *sans formes*.

Un argument encore plus faible a porté
la Cour de cassation à dire que la dot mobilière est inaliénable. Le principe du Code
civil est nettement restreint aux *immeubles*

---

[1] Ces sortes d'arguments méritent la dénomina-
tion triviale mais énergique d'arguments de *raccroc*.

(art. 1554); mais parmi les articles qui énu-
mèrent les exceptions, il en est deux qui
emploient le mot *biens*, parce qu'ils mêlent
une question d'autorisation maritale à la
question d'aliénabilité. La Cour fait en quelque sorte réagir l'exception sur le principe.
Elle a été d'ailleurs influencée par l'erreur
qui consiste à fausser une idée sous prétexte
d'en abréger l'expression ; beaucoup de personnes disent « l'inaliénabilité de la *dot* »
pour « l'inaliénabilité de l'immeuble dotal »;
de même que beaucoup disent « les hypothèques *légales* » pour « les hypothèques de
la femme et du mineur. »

Je rangerai dans la même catégorie les
arguments que divers auteurs ont essayé de
tirer des lois sur l'organisation du culte ca-
tholique pour infirmer le mariage des prê-
tres [1]. Ces lois, antérieures au Code civil, ne
formulent aucune prohibition qui supplée à
son silence ; elles permettent seulement un
appel comme d'abus devant le Conseil d'état,
appel qui n'a rien de commun avec une action en nullité. Encore moins chargent-elles
le ministère public de poursuivre, devant les
tribunaux, l'exécution des engagements com-
pris dans les vœux ecclésiastiques. Aussi la
doctrine contraire ne s'explique guère que
par le désir préconçu de justifier à tout prix

[1] Marcadé, M. Demante.

une prohibition conforme aux idées religieuses.

VIII. La négligence ou *l'oubli des sources* occasionne bien des erreurs.

La jurisprudence sur la dot mobilière, celle qui astreint les légataires à titre universel à payer les dettes *ultra vires* (v. p. 42) en sont des exemples.

Il en est de même de la doctrine qui attribue aux étrangers, en principe, la jouissance des droits civils. Elle contrarie ouvertement le droit romain et l'ancien droit français (v. Pothier, *Orléans,* n° 33), combinés avec le Code civil (art. 11). Ses partisans ont été influencés par une erreur d'autre sorte, qui consiste à mal déterminer la signification des termes juridiques. Ils ont confondu les droits *civils* avec les droits *privés,* et se sont imaginé que l'étranger auquel on refuserait en France les droits civils « n'y pourrait être ni propriétaire ni créancier [1] »; proposition repoussée et par les Institutes, § 2 *de jure nat.,* et par Pothier, *sup.* Les facultés privées reconnues par le droit des gens ne sont point des droits civils.

IX. On doit éviter de *forcer le sens* naturel des termes, surtout quand il s'agit d'étendre une disposition exceptionnelle.

---

[1] M. Valette sur Proudhon, i, 174. Il a été suivi par M. Mourlon.

Gardons-nous d'induire de l'article 960, d'après lequel les donations sont révoquées par *survenance* d'enfants, qu'elles seraient révoquées par une adoption. Le mot « survenance », équivalent de la phrase latine *si susceperit liberos* (Code de Justin., l. 8 *de revocandis don.*), est traduit par *naissance* dans les art. 961, 962, 964, 966 [1].

X. En sens inverse, il ne faut pas restreindre sans preuves les termes formels d'un article.

Par exemple, je ne saurais me résoudre à déclarer valable le mariage d'un interdit, en présence de l'art. 502 [2].

*Droits et devoirs de l'argumentant
et du soutenant* [3].

Dans les discussions purement scientifiques aussi bien que dans les procès véri-

[1] V. cependant Marcadé, dans sa cinquième édit. — Sa rétractation s'explique peut-être par une circonstance qui est une source abondante d'erreurs dans la pratique; il s'est trouvé chargé de défendre comme avocat à la Cour de cassation, la doctrine qu'il avait d'abord combattue comme théoricien.

[2] V. cependant Zachariæ et M. Demolombe. — V. un autre sophisme, p. 47 et suiv.

[3] La plupart des observations suivantes intéressent surtout les candidats de concours. Un décret-loi du 9 mars 1852 laisse au pouvoir exécutif le soin d'apprécier la capacité des professeurs titulaires;

tables, le principe général, qui détermine les droits respectifs des parties, est le principe de l'égalité. Le même intervalle de temps leur doit être accordé; les mêmes sources d'arguments doivent leur être ouvertes. Si l'on permet au demandeur d'invoquer des autorités, on doit le permettre au défendeur. *Non debet actori licere, quod reo non permittitur.* (41, *Dig. de regulis juris.*)

La nécessité de parler tour à tour oblige à fixer un *ordre de parole.* Dans un procès, c'est au demandeur de prouver le fait qu'il allègue et le droit qu'il prétend en résulter à son profit. Dans une discussion théorique, c'est à l'argumentant d'attaquer la doctrine proposée par le soutenant, et, par suite, de prouver la doctrine contraire. Il n'a pas le droit de s'exonérer de cette charge, au détriment de l'adversaire, en le sommant de faire connaître ses motifs; faute que j'ai vu commettre, dans plus d'un concours, par des candidats aujourd'hui professeurs. Tant que l'argumentant n'infirme point la proposition contestée, le soutenant n'a pas besoin de la défendre, pas plus que le défendeur ne doit craindre une condamnation tant que le de-

mais la raison reprendra sans doute son *empire.* Si le plus savant ne triomphe pas toujours dans les épreuves publiques, elles excluent du moins la médiocrité d'une manière à peu près certaine.

mandeur ne produit pas de preuves : *actore
non probante, reus absolvitur.*

L'obligation d'attaquer entraîne, par une
sorte de compensation, le droit de *choisir la
difficulté,* et de déterminer le terrain de la
discussion. Le choix n'est pas sans limites :
il s'exerce uniquement dans la matière qui
est l'objet de la thèse [1]. Toute question qui
sort du sujet peut être refusée par le candidat, qui doit, sous ce rapport, être protégé
par le président. Mais si la question n'est
pas en dehors de la matière, l'argumentant
a droit de la discuter.

L'entente est au diseur, dit le proverbe.
Donc l'*explication* de la question est à la
charge de celui qui la pose : du soutenant,
si la question est du nombre de celles qu'il
a formulées ; de l'argumentant, s'il a choisi
en dehors de celles-là.

Dans ce dernier cas, le soutenant *choisit
la solution ;* on ne peut le contraindre de
lutter contre lui-même. C'est à l'argumentant de chercher une autre question, si mieux

---

[1] Le règlement de 1843 restreint le choix, dans les
concours, à *six* questions formulées d'avance *par le
soutenant,* du moins en droit français. Le choix
reste illimité pour le droit *romain.* C'est le contraire
qui devait avoir lieu. Le nombre six est trop faible,
et les questions devraient, du moment qu'on les restreint, être indiquées par les juges. Le désir de prévenir les surprises a produit une réaction excessive
contre les anciens usages d'argumentation. — V. le
règlement du 22 janv. 1847.

il n'aime défendre à tout hasard la doctrine délaissée par l'adversaire [1].

Par la même raison, le soutenant est libre de *se rétracter;* mais, ce qui serait un devoir, dans une discussion dont le seul but serait la recherche de la vérité, devient souvent une imprudence dans une discussion qui tend à établir la capacité du candidat. Il s'expose à faire naître une prévention défavorable dans l'esprit des juges; d'autant mieux qu'il a eu le temps de se pénétrer des principes généraux; et même, si la question émane de lui, de se former une conviction solide.

L'argumentant a droit d'exiger une solution *brève;* il ne sait pas encore lui-même s'il s'arrêtera au sujet de la demande. L'adversaire le sait encore moins, et ne doit pas abuser de la circonstance pour absorber une partie du temps consacré à la lutte en discours peut-être inutiles.

S'ensuit-il qu'on puisse le forcer d'opter entre un oui et un non? Pas nécessairement. Il y a une troisième manière de répondre, qui est bien souvent la meilleure: elle consiste à *distinguer* diverses hypothèses et

[1] La nécessité fâcheuse où est placé l'argumentant montre que l'on devrait toujours exiger du soutenant l'indication préliminaire d'un nombre suffisant de solutions sérieusement controversables. — La tolérance pratiquée, sur ce point, par quelques présidents de thèses tourne contre les jeunes gens qu'elle semble favoriser, puisqu'elle les expose à discuter des difficultés imprévues.

à dire oui sur les unes, non sur les autres [1].
On ne peut donc que sommer le soutenant
de conclure [2] d'une manière ou d'une autre.

Il y a un cas fort rare où la réponse peut
n'être ni affirmative ni négative : c'est le
cas où la question est *insoluble*. En le décla-
rant, le défendeur s'engage à combattre
toutes les solutions que présentera l'argumentant; tout ce que peut faire ce dernier,
c'est d'en proposer une et de prouver qu'elle
est satisfaisante. Les questions insolubles résultent de dispositions légales directement
contradictoires. Le meilleur parti, en théorie, est d'*avouer* la contradiction plutôt que
de chercher une conciliation impossible. Tout
le monde est d'accord aujourd'hui pour pro-
céder ainsi en droit romain, quand il se présente un dissentiment manifeste entre deux
jurisconsultes. Il serait ridicule, depuis que
les lois romaines ont perdu leur force obligatoire, d'essayer de concilier Marcellus avec
Julien, alors que Marcellus, son adversaire

[1] C'est une erreur trop répandue que de croire
qu'il existe des règles *absolues* en droit et en morale. Une règle de ce genre n'est possible que sur
une hypothèse unique et indivisible, comme celles
qu'on envisage en mathématiques.

[2] Le mot *conclure* signifie parfois « tirer une conséquence; » il signifie aussi « achever son discours »
(… conclus; ou bien que le ciel te confonde); il signifie encore « formuler son opinion ou sa prétention d'une manière précise » (*cum, claudere*). C'est le
sens que je lui donne ici.

perpétuel, déclare expressément que Julien s'est trompé. A l'égard des lois en vigueur, on se résigne moins facilement : on sacrifie une portion de l'une au profit de l'autre, en réservant pourtant une hypothèse pour fournir l'application de la première. Les juges, obligés de prendre une décision quand même (C. civ., 4), sont forcés de suivre cette méthode; bien mieux ils peuvent sacrifier radicalement l'un des articles contradictoires et laisser aux théoriciens le soin de l'utiliser. Les avocats procèdent de même. Mais rien n'oblige celui qui expose une théorie, de violenter sa conviction : s'il est arrêté par une impossibilité morale, il est libre de le dire et de repousser les tours de force des antinomistes. Personne n'est responsable de la rédaction vicieuse du texte.

Le Code civil fournit bien des questions insolubles, quoique les auteurs semblent ne pas en convenir. Je citerai pour exemples : la question de savoir si l'acceptation est nécessaire pour opérer l'acquisition de l'hérédité; et celle de savoir si les actes faits par le mineur sont annulables pour incapacité, tandis que les actes faits par le tuteur seraient rescindables pour lésion[1].

---

[1] V. mes *Notes*, nᵒˢ 2713, 4976. Il me paraît également impossible de régler d'une manière satisfaisante la part de *plusieurs* enfants naturels, en concours avec des héritiers légitimes. Le législateur n'a

La solution une fois formulée et comprise,
l'argumentant doit déclarer son intention de
la combattre ou de passer outre ; il est libre
d'ailleurs d'en accepter une portion et de
combattre l'autre. C'est lui qui fixe *le terrain* de la discussion.

Cette règle, et celle qui défend de sortir de
la matière, souffrent exception dans les difficultés *incidentes*. En effet, chaque partie est
libre de fonder sa doctrine sur un texte ou
sur un principe quelconque. Si l'induction
qu'elle en tire est exacte, l'adversaire n'a
d'autre ressource que de combattre le principe ou le texte invoqués, bien qu'étrangers
l'un et l'autre à la discussion principale.

Le droit d'attaquer implique le droit de
répondre. Les deux droits ont pour cor-
rélatif naturel le devoir d'*écouter* sans interrompre. — Ce devoir s'oublie fréquemment ; mais surtout lorsque, l'argumen-
mentant ayant présenté plusieurs objections, le défendeur essaye de les réfuter tour
à tour. Il est rare que l'assaillant ne reprenne
pas la parole, pour répliquer, avant que la
réponse ne soit achevée. Il est dans son tort.
Pourquoi a-t-il accumulé toute une série d'arguments ? Le soutenant en tire le droit de
faire une série non moins longue de réponses.
C'est ce qui arrive au barreau : chaque avo-

évidemment pas songé à cette hypothèse ; autrement,
il aurait modifié l'art. 757.

cat épuise tour à tour l'arsenal de ses moyens. Une argumentation, où chaque moyen est successivement produit et réfuté, est préférable : elle fait mieux ressortir la force relative des arguments.

La réplique amène la duplique; la triplique amène la quadruplique. En un mot, le soutenant a toujours la parole *le dernier*. Autrement l'argumentant parlerait une fois de plus, et l'égalité serait blessée. On ne doit pas traiter le défendeur plus mal qu'un accusé traduit en cour d'assises (C. d'instr. crim., art. 335).

L'argumentation doit se faire *de bonne foi* de part et d'autre. Strictement, il n'y a pas mauvaise foi à formuler un argument faible ou même mauvais, lorsque le vice de l'argument est susceptible d'être apprécié par les seules ressources de la logique. C'est à l'adversaire de le réfuter. La *mauvaise foi* consiste à invoquer sciemment une source imaginaire; à supposer des textes, des arrêts qui n'existent pas; à intercaler dans un texte une phrase étrangère; en un mot, à formuler une proposition dont l'adversaire ne peut apercevoir la fausseté qu'à l'aide d'une vérification matérielle, qu'il peut négliger par confiance, par laisser aller, ou par l'embarras de se procurer sur-le-champ les moyens de contrôle.

Il y a encore mauvaise foi à violer sciemment les droits de l'adversaire; à supposer qu'il a parlé plus longtemps qu'il ne l'a fait; à ressaisir exprès la parole avant qu'il ait pu répliquer; à lui prêter une doctrine qu'il n'a point exprimée, ou des sentiments qui lui nuiraient dans l'esprit des juges.

Chacun des combattants a droit, de la part de l'autre, aux égards que prescrit l'*urbanité*. Les personnalités ne sont pas moins repoussées par la logique saine que par le bon goût. On doit même s'abstenir de qualifier injurieusement la doctrine que l'on attaque, de peur que l'injure ne rejaillisse indirectement sur celui qui la défend.

Quand l'argumentant s'est borné à critiquer le système de l'adversaire, sans conclure pour son propre compte, il est tenu de donner sa *solution* en terminant. Il n'y a pas grand mérite à embarrasser quelqu'un sur une difficulté qu'on n'est pas soi-même en état de résoudre. Il suffirait toutefois, à mon avis, de démontrer que la difficulté est insoluble. A l'impossible nul n'est tenu. L'adversaire a eu tort d'afficher la prétention contraire.

Le soutenant peut évidemment répondre et prouver que la solution de l'assaillant est fausse, ou que la question est réellement susceptible d'une solution rationnelle.

Les règles que je viens d'exposer n'ont pas seulement une sanction morale. Le *président* de la thèse ou du concours a pour mission de les faire respecter. Il ouvre ou clôt la discussion, et désigne l'argumentant dont le tour est venu ; il réprime les interruptions et les personnalités ; il maintient à chacun son droit de répondre ou de répliquer ; il empêche, au besoin, le soutenant de donner une solution trop longue ; l'assaillant, de réunir ensemble un trop grand nombre d'objections ; il oblige l'un et l'autre à conclure, et, sur leur refus, il conclut à leur place [1].

Les droits et devoirs des combattants sont les mêmes, quand l'un d'eux est un professeur et l'autre un aspirant à diplôme. Néanmoins leur rigueur est tempérée par la suprématie universitaire du premier et par l'insuffisance trop fréquente ou l'inexpérience du second. On conçoit que l'élève prenne un ton plus respectueux que s'il discutait avec un égal : le professeur a plus d'une fois sujet de gourmander une ignorance excessive. Les rôles sont souvent intervertis : le professeur est obligé de suppléer au silence du candidat ou de le secourir jusqu'à un certain point. Il y a même un cas où l'interversion des rôles est de rigueur : c'est le cas où l'élève pose des solutions trop *évidentes*.

---

[1] C'est ce que faisait Delvincourt. L'accomplissement des devoirs de président exige à la fois sagacité, présence d'esprit, attention soutenue, fermeté et impartialité réunies.

Sommé par le professeur de dire pourquoi il les a mises en question, il se voit contraint de combattre sa propre thèse et de multiplier les objections pour établir que sa doctrine est sérieusement controversable.

Même en tenant compte des nuances que je viens de signaler, il me sera permis de dire que, dans la pratique universitaire, les droits des soutenants sont trop souvent méconnus. Le droit de répondre leur est à peu près refusé. Soit qu'il cède au plaisir de faire triompher son opinion personnelle et de confondre le parti contraire; soit qu'il se laisse dominer par l'habitude des leçons suivies ou par un goût inné pour les plaidoiries développées, le professeur souffre à peine une réplique timide, et absorbe la meilleure partie du temps de la discussion. On serait d'abord tenté de croire que la faute est imputable aux élèves : l'ignorance des uns, l'embarras inquiet des autres [1], l'inexpérience de

---

[1] On sait combien est pénible la situation que le public railleur des universités désigne par le terme trivial de *colle*. Malheureusement l'ignorance n'est pas la seule cause d'embarras; il est des tempéraments que la présence d'un auditoire nombreux impressionne vivement au début. J'ai vérifié sur moi-même, en faisant pour la première fois une lecture publique, la vérité de ce vers d'un licencié qui a travaillé sa thèse avec moi :

Mais ma voix s'étranglait dans mon gosier aride.

Le verre d'eau des académiciens ne serait-il pas un moyen de salut pour quelques candidats?

la plupart en ce qui touche l'art d'argumenter, expliquent, jusqu'à un certain point, comment ils ne profitent pas de la parole à leur tour. Un silence prolongé semble annoncer l'impuissance absolue; un argument faiblement présenté, l'oubli d'un motif plus sérieux, impatientent le supérieur et l'autorisent, en apparence, à ressaisir la parole. Mais comment comprendre qu'un professeur parle seul tout le temps? ou du moins qu'il interrompe l'élève dès que celui-ci a balbutié quelques mots, pour reproduire sa doctrine et déclarer que l'épreuve est terminée en ce qui le concerne? J'ai cependant été plusieurs fois témoin de ce fait. A ma propre thèse de licence, si j'en crois mes souvenirs, je fus *argumenté*[1] par un vénérable professeur suppléant, sans avoir la liberté de répondre une syllabe. Mon adversaire me donna toutefois une boule blanche, témoignage peu flatteur pour mon amour-propre. Cet exemple s'explique par la crainte, naturelle aux vieillards, de s'engager dans une discussion où leur mémoire peut les trahir. J'ai vu le même fait se renouveler au détriment d'un de mes amis. Le professeur était jeune cependant, mais doué d'une certaine vivacité d'élocution. Le candidat, profitant d'un moment

---

[1] Expression admise à l'École, bien que repoussée comme barbare par l'Académie et la plupart des lexicographes.

de silence inattendu, se disposait à plaider sa cause, quand il fut interrompu par ces mots sacramentels : « Oh ! je sais ce que vous allez dire.... » et ne put plus recouvrer la liberté de la défense. — La monopolisation de la parole tient, chez d'autres, à un besoin irrésistible de faire prévaloir leur opinion, ou bien (cas heureusement plus rare) à une sorte d'irritation maladive [1].

Si parfois on souffre que le candidat parle, jamais on ne le laisse parler le dernier. Cette anomalie constante s'explique par l'usage qui permet à l'argumentant de fixer lui-même la durée de la discussion. Il reprend la parole pour annoncer qu'il ne veut pas la garder et en abuse pour formuler des arguments *sans réplique.*

Lorsque le professeur se passionne pour son opinion, hypothèse bien fréquente, il qualifie la doctrine opposée d'une manière peu flatteuse, même quand elle est admise par un collègue ; — ou bien, il presse le candidat avec une vivacité qui dépasse le but rationnel de l'épreuve. Dans les deux cas, il est presque impossible qu'un élève ordinaire ne recule pas devant la crainte de choquer son supérieur.

On dira que l'élève a un protecteur légal dans le *président* de la thèse. Mais la posi-

---

[1] V. l'anecdote relative à F.-F. P***, rapportée dans mon *Guide* pour les *examens*, page xviij.

tion du président est délicate : il est placé entre son devoir et le danger de froisser un confrère auquel il doit des égards et parfois du respect, à raison de son âge, de sa réputation, des leçons qu'il en a reçues jadis. Quand le président argumente, il est clair que son rôle de protecteur est mis de côté. L'inconvénient était à son plus haut degré, il y a vingt ans : l'usage voulait que le président absorbât, à lui seul, plus de la moitié de l'épreuve ; loin d'être un auxiliaire, c'était l'ennemi le plus redoutable. Aujourd'hui sa part légitime dans la lutte n'excède plus celle des autres, en supposant que la division du temps se fasse avec exactitude[1].

La réforme sera, j'espère, poussée plus loin. On réduira le président à un rôle *neutre ;* on le chargera de régler la discussion sans y participer activement. Il convient que ce soit le plus âgé des professeurs présents. Il sera bien entendu que le président pourra maintenir ou rendre la parole au candidat ; l'avertir de son droit, s'il néglige d'en user ; l'encourager à répondre, si quelque circonstance l'intimide ; intervenir, s'il y a quelque malentendu sur la question, en un mot toutes les fois qu'il y a abus de dialectique ou d'autorité. Un règlement supérieur est inutile en ceci : l'accord des professeurs assem-

---

[1] Un examinateur devrait toujours avoir une montre à la main.

blés suffirait. Les résultats seraient doublement avantageux ; car la prolixité des argumentants fait peut-être recevoir plus d'élèves faibles qu'elle n'exclut d'élèves instruits. (V. aussi p. 91.)

Tactique.

En général, les mêmes règles de tactique conviennent aux deux adversaires. Une fois la discussion engagée, les rôles se confondent bientôt, par suite de la nécessité de répondre à toutes les objections.

Deux points surtout sont à considérer : la *distribution* des arguments et leur *forme*.

Dans un mémoire ou dans une plaidoirie, on épuise, d'ordinaire, la série complète de ses arguments. On s'exposerait, en suivant une autre marche, à perdre quelque moyen solide, faute d'une occasion nouvelle de parler ou d'écrire. — Dans une argumentation scolastique, il convient de moins prodiguer ses ressources, et d'en ménager une partie pour la suite de la discussion. Le débat roule uniquement sur le droit; les faits sont convenus d'avance, sans quoi la question ne pourrait pas même être posée. Or une difficulté purement juridique a quelque chose d'abstrait qui fatigue l'esprit et amène rapidement la monotonie. On n'y introduit la variété qu'en multipliant les arguments. D'un autre côté, si l'on présente d'un seul coup toute la rangée de ses moyens, ils deviennent plus difficiles à saisir par leur accumulation même; les arguments forts, mêlés avec les faibles, ressortent moins et sont plus faciles à éluder. L'adversaire, en effet, a le droit de les réfuter collectivement, ainsi qu'on les a présentés. On ne saurait mieux comparer une discussion de ce genre qu'à un combat véritable, dans lequel chaque champion aurait droit de porter à l'autre un certain nombre de coups, sauf à en recevoir ensuite un nombre égal. Chaque coup doit être paré au moment où il est porté.

L'approche de l'heure qui terminera la lutte modifie la règle générale : il est prudent alors d'épuiser tous les arguments sérieux que l'on gardait en réserve.

Les arguments susceptibles d'être invoqués à l'appui d'une doctrine ne sont jamais d'égale force. La difficulté d'une question naît, en général, du *conflit de* DEUX *principes.* Ces deux principes constituent les arguments *fondamentaux* sur lesquels reposent les deux opinions contraires; à tel point que sans eux la controverse deviendrait impossible. Les autres inductions qui grossissent les démonstrations juridiques, et surtout les plaidoiries, ne sont que les développements de l'argument principal, ou bien des banalités plus ou moins secondaires, qui, par elles-mêmes, ne suffiraient sûrement pas pour rendre la

difficulté sérieuse. Cette observation, dont
la vérité frappe tous ceux qui ont creusé un
grand nombre de questions, est précieuse
pour les élèves obligés de charger leur mémoire d'une longue série de difficultés. Les
aspirants au doctorat ont le Code civil entier
pour objet d'études; or on peut évaluer à
trois mille le nombre des questions de quelque importance qui se rattachent au premier
de nos Codes. S'il fallait approfondir chacune d'elles au même degré que l'avocat
chargé d'un examen spécial, il serait absolument impossible de graver les résultats
d'un tel travail dans sa mémoire. Heureusement, rien n'est moins nécessaire : il suffit
de bien reconnaître les deux principes dont
le conflit engendre chaque difficulté; autour
des deux arguments fondamentaux, les considérations *secondaires* viendront se grouper
d'elles-mêmes; l'habitude d'argumenter les
fait aisément découvrir. On s'explique ainsi
comment un auteur résout, dans quelques
lignes, la question qui fournit à un avocat la
matière de cent pages. On voit encore comment les arguments doivent se distribuer
dans une discussion. Les deux principes
contraires en sont le pivot. Il convient donc
de les mettre *en saillie,* dès le début; autrement le débat languirait, ou bien ne sem-
blerait soutenu que par pure obstination,
d'un côté. Garder la raison la plus solide

pour le dénoûment, afin de produire une sorte de péripétie, pourrait être considéré par l'auditoire comme une mystification ; on le pardonne à peine au candidat qui, surpris par une question imprévue, ne découvre pas tout d'abord le nœud de la difficulté.

Ne pas répondre, c'est s'avouer vaincu. En effet, une objection irréfutable entraîne un changement d'opinion. Celui qui persiste est donc moralement *tenu de répliquer*. Il faut qu'un argument soit singulièrement faible, pour que l'on se puisse croire dispensé de cette obligation. Dans une conversation proprement dite, il n'y a pas d'inconvénient, soit à se convertir brusquement, soit à demander un délai pour réfléchir de nouveau, soit à garder un silence poli. Dans une discussion solennelle, à laquelle on a dû se préparer par des études préliminaires, il est permis de dissimuler son embarras et de mettre en pratique l'entêtement du docteur Pancrace [1]. Renier sa thèse, après l'avoir librement choisie, c'est faire le jeu trop beau pour l'adversaire ; pour peu qu'il ait d'habileté, il ne manquera pas de ressaisir l'opinion abandonnée, et le fera avec succès s'il connaît, comme cela est probable, le côté

[1] « Je crèverais plutôt que d'avouer ce que tu dis ; et je soutiendrai mon opinion jusqu'à la dernière goutte de mon encre... Oui, je défendrai cette proposition *pugnis et calcibus, unguibus et rostro.* » MOLIÈRE, *Mariage forcé*, SC. IV.

faible de l'objection qu'il avait proposée lui-même.

Il est bien rare que la réponse directe soit aussi forte que l'attaque. Si la difficulté est sérieuse, chaque parti invoquera un principe opposé, qu'on peut bien éluder ou atténuer jusqu'à un certain point, mais non complétement détruire. Il ne faut donc pas se borner à pallier l'effet de l'attaque; il faut, sans quitter la parole, prendre à son tour l'*offensive* en invoquant le principe fondamental de son propre système. On continue ainsi, en combinant jusqu'au bout la défense et l'attaque.

Pour que l'attaque ne soit pas stérile, on observe les discours de l'ennemi, et s'il élude l'objection, on ramène impitoyablement l'attention sur l'argument resté sans réponse; on le reproduit, s'il en est besoin, et l'on constate l'impossibilité de le réfuter.

En sens inverse, si l'adversaire allègue mal à propos qu'on n'a pas répondu à ses arguments, on répète la réfutation déjà présentée, en la fortifiant s'il est possible, afin d'effacer l'impression fâcheuse que produirait une assertion, dont l'auditoire, par distraction, n'apercevrait pas l'inexactitude. L'adversaire est libre de ne pas se contenter d'une réponse, et c'est ce qui arrivera le plus souvent; mais il n'a pas droit d'en nier l'existence.

Parlons maintenant de la *forme* de l'argumentation.

Un argument apparaît dans toute sa force quand on le réduit à ses éléments les plus simples. En revanche, la forme syllogistique est aride; elle convainc plus qu'elle ne persuade. D'ailleurs sa brièveté peut faire que l'auditeur ne saisisse pas ou qu'il oublie assez promptement. Aussi l'avocat expérimenté ne s'en tient pas à la concision du syllogisme; il l'éclaircit par des développements; il en déguise la sécheresse avec quelques ornements de langage; il en assure l'effet par des répétitions qui, sous une forme variée, pénètrent l'intelligence la plus distraite ou la plus lente, et gravent l'idée principale dans la mémoire la plus rebelle.

Dans une discussion scolastique, on imitera la méthode du palais; toutefois on s'attachera plus strictement à donner une forme rigoureuse aux déductions; il s'agit surtout de prouver qu'on en connaît l'art. — En sens inverse, on sera plus sobre de développements, parce que l'auditoire n'est pas préoccupé de la question de fait.

Tout le monde connaît le petit artifice qui consiste à élever la voix, en appuyant sur les mots principaux de la proposition dont on argumente, afin d'y appeler l'attention du juge; artifice qu'imitent les auteurs en écrivant ces mots en lettres italiques ou capitales [1].

J'ai déjà dit que l'incivilité est une maladresse en même temps que la violation d'un droit. On s'abstiendra donc scrupuleusement d'épigrammes et d'injures. N'en concluons pas qu'il soit interdit de plaider avec finesse et d'argumenter avec chaleur. Les plaisanteries générales qui tombent sur le fond de la doctrine, sans toucher la personne de l'interlocuteur, sont permises. Observons, à ce propos, qu'il ne faut pas se déconcerter de celles qu'emploie l'adversaire. Si l'on n'a pas la réplique assez prompte pour mettre les rieurs de son côté, on peut toujours écarter l'effet d'une plaisanterie en montrant qu'elle n'ébranle point les bases rationnelles du système. Si elle couvre un argument par l'absurde, on suit la marche ordinaire en pareil cas (p. 55).

La conviction produit la chaleur; l'incertitude engendre la mollesse et l'hésitation. Voulez-vous argumenter chaleureusement? creusez les questions jusqu'à ce que votre opinion personnelle soit bien arrêtée. Si vous avez foi dans la vérité de votre doctrine, vous la défendrez avec une vigueur toute

---

[1] On se rappelle la fameuse controverse du *Mariage de Figaro* (acte III, sc. xvi): « Il n'est pas dit » dans l'écrit : *Laquelle somme je lui rendrai, ET je* » *l'épouserai;* mais, *laquelle somme je lui rendrai, OU* » *je l'épouserai :* ce qui est bien différent. »

spontanée, sans avoir besoin de vous battre les flancs comme l'avocat qui plaide sciemment une mauvaise cause.

On ne doit pas de secours à son ennemi, tant qu'il ne se reconnaît pas vaincu. Il est prudent d'éviter tout ce qui pourrait lui suggérer des moyens de défense, et de s'abstenir de toute concession prématurée. La proposition dont on reconnaît la vérité sert, à l'adversaire, fût-elle en réalité douteuse, de point de départ pour établir les conséquences qu'il aura intérêt d'en déduire. C'est ce qu'on nomme un argument *ad hominem,* c'est-à-dire un argument susceptible d'être invoqué contre certaines personnes et spécialement contre celle avec laquelle on discute [1]; en effet, peu importe que la majeure d'un syllogisme soit contestable, si elle n'est point contestée par celui auquel on l'oppose.

Ces règles souffrent exception. Il est habile de faire une *concession,* quand elle n'est pas nuisible; de reconnaître hautement la force d'un argument, quand on est sûr de le réfuter; de réparer même l'oubli d'un adversaire faible et de lui suggérer des

---

[1] Les arguments *ad hominem,* utiles dans les discussions effectives, doivent, en général, être mis de côté quand il s'agit de se former une conviction sincère. On doit se proposer pour but la vérité absolue, et non une vérité relative à certaines personnes. — Mais on aura soin d'éviter les inconséquences et les contradictions qui engendrent des arguments *ad hominem* contre soi-même.

moyens ou de compléter ceux qu'il indique, lorsqu'on peut se donner la satisfaction de montrer leur insuffisance.

A côté des concessions imprudentes qui favorisent la démonstration de l'opinion contraire, se place un genre de faute analogue, qui consiste à reconnaître la vérité d'une proposition contradictoire avec la doctrine que l'on défend. On s'expose alors au reproche d'*inconséquence*. Pour y échapper, il faudrait prouver qu'il existe des raisons spéciales de déroger à la règle qu'on a d'abord posée.

Si l'adresse est nécessaire à qui discute avec son égal, elle l'est bien davantage à l'élève contre lequel argumente un professeur. L'argumentant est ici juge et partie [1] ; il importe de le ménager, *ne pejus faciat*, comme disent les jurisconsultes au sujet du testateur et de son héritier présomptif. L'élève est entre deux écueils : s'il se tait ou abonde dans le sens opposé, il défend mal sa thèse; s'il combat trop énergiquement, il peut froisser le professeur. Mais le premier danger qui met le tort du côté du candidat est évidemment le plus grave ; il faut donc braver le second péril, ou plutôt le tourner, en évitant scrupuleusement tout ce qui peut

---

[1] Peut-être le jugement devrait-il, comme dans les concours, être prononcé par des professeurs, qui écouteraient, sans y prendre part, la thèse soutenue contre des suppléants sans voix délibérative.

blesser l'amour-propre ; on peut même, si c'est la vérité, reconnaître bien haut qu'on a hésité entre les deux systèmes, que les objections sont très-fortes ou du moins très-spécieuses, et ne pas reculer, après cet aveu, d'un pouce de terrain. — L'élève aura soin de trouver une *réponse*, et la plus directe possible, à l'argument fondamental du système contraire ; sinon, le professeur le ramènerait toujours à cet argument, sans tenir compte des autres moyens allégués. — Si l'élève a plusieurs réponses, il les ménagera pour les proposer au fur et à mesure que la parole lui sera rendue ; autrement, il pourrait se trouver bientôt à court : le professeur, qui ne prépare guère ses argumentations, et oublie les raisons de détail, retourne et reproduit plus d'une fois son principal moyen ; or l'élève ne peut s'en débarrasser en faisant observer que son adversaire se répète. Au contraire, le professeur se gêne d'autant moins pour écarter un argument déjà proposé, que l'art de varier la forme, quand le fond reste le même, est ignoré de la plupart des jeunes gens. (V. p. 84.)

Le danger le plus grand pour les élèves forts est dans cette usurpation instinctive de la parole que j'ai déjà signalée. Pour la prévenir, le candidat prépare sa défense pendant le discours même du professeur, dès qu'il en aura saisi la portée, au lieu d'y absorber son attention. Au premier moment de silence, il commencera sur-le-champ sa réponse. Il évitera les hésitations, les questions qui fournissent un prétexte pour ressaisir la parole. Il élèvera la voix ; il prendra le geste de l'homme qui a quelque chose à dire ; il annoncera qu'il lui reste encore des moyens à faire valoir ; il essayera de se ménager l'appui du président. Avec tout cela, il est encore possible qu'il soit condamné sans être entendu (v. p. 80) ; mais au moins, comme le malade de Molière, il aura « fait quelque chose. »

J'ai supposé, jusqu'ici, la nécessité de prendre l'offensive ou de garder la défensive ; il est temps d'en indiquer les moyens.

On attaque avec des arguments *directs ;* on se défend avec des *réponses.*

L'argument *direct* est celui qui sert à établir la vérité d'une proposition, abstraction faite des objections dont elle est susceptible. On l'emploie naturellement toutes les fois qu'on raisonne sans se préocuper de ce qu'a dit ou de ce que pourra dire l'adversaire. L'argument direct est indispensable à celui qui entame une discussion. Les argumentants inexpérimentés croient échapper à cette règle, en supposant à plaisir une raison qui n'a pas encore été formulée, pour se procurer une occasion d'entrer en matière. Il est de bonne tactique, en pareil cas, de la part du soutenant, de désavouer, au moins provisoirement, l'assertion qu'on lui prête, afin de constater que la doctrine opposée manque de base, ou que l'assaillant est hors d'état d'en donner la démonstration directe.

Parfois l'adversaire, par négligence ou inhabileté, omet un moyen sérieux ; c'est alors qu'il convient de réparer l'omission, de crainte que les juges n'y voient la cause d'un succès apparent, mais mal justifié en réalité. On ne doit pas laisser soupçonner que l'on abuse de la faiblesse de l'interlocuteur, pour surprendre l'adhésion de l'auditoire.

La *réponse* est une proposition qui tend à établir la fausseté d'un argument. Il y a deux manières de répondre : l'une consiste à montrer que la majeure est fausse ; l'autre à prouver que la mineure est inexacte, ou, en d'autres termes, que la majeure ne renferme point la conclusion. La seconde marche est obligatoire, quand il s'agit de réfuter un argument tiré du texte de la loi.

J'ai déjà fait voir comment on répond aux diverses sortes d'arguments. A l'induction tirée de la généralité des expressions de la loi, on répond que le législateur n'a pas eu en vue le cas particulier dont il s'agit, surtout si ce cas est extraordinaire ou peu important ; *lex statuit de eo quod plerumque fit ; de minimis non curat prætor.* S'il s'agit d'une condition ou formalité omise dans tel article, on montre qu'elle résulte d'autres textes; il n'est pas probable que le législateur ait voulu se contredire lui-même. Les exemples d'oublis analogues sont faciles à produire. — L'argument *a pari* ou *a fortiori* se réfute en faisant ressortir la dissemblance des hypothèses, les raisons de décider différemment, le caractère exceptionnel du texte invoqué. — L'argument *a contrario* nécessite une marche inverse; on met en relief l'analogie des circonstances et l'identité de motifs. On allègue au besoin les oublis législatifs qui fondent des arguments *a contrario* d'une fausseté palpable. Au surplus, ces deux arguments se réfutent ordinairement l'un par l'autre (p. 30).

Les inductions tirées des travaux préparatoires sont en général assez faibles, surtout lorsqu'ils n'ont pas laissé de traces dans la rédaction définitive; les assemblées législatives ne sont pas liées par les doctrines dont l'émission précède leur vote (p. 35).

Si l'adversaire invoque des sources, on cherche à établir qu'il y a innovation; on montre l'incertitude ou la contrariété des sources invoquées (p. 46).

On combat les principes de droit et l'équité avec des textes (p. 53 et 56). Le pouvoir législatif est libre de déroger aux règles générales pour des considérations d'ordre public : notamment pour prévenir les procès, pour en faciliter la décision. On s'explique ainsi la foule des présomptions légales admises par nos Codes. Combien de procès difficiles et scandaleux s'élèveraient sur la question de paternité, si l'art. 312 n'y coupait court, par la présomption qui protége les enfants conçus pendant le mariage ! — Au surplus, les considérations d'équité sont faciles à rétorquer : toute question juridique suppose le conflit de deux intérêts. Si la solution affirmative nuit à l'un des intéressés, la négative ne nuira pas moins à sa partie adverse.

L'argument tiré du mal que cause une décision à l'une des parties se repousse assez souvent par un argument qu'on pourrait appeler de *consolation* ; il consiste à indiquer un remède qui fait disparaître ou atténue le mal : par exemple, un recours contre un tiers. — Exemple. Le 1ᵉʳ janvier, Primus cède à Secundus une créance contre Tertius ; le 1ᵉʳ février, le cédé paye entre les mains du cédant ; le 1ᵉʳ mars, le cessionnaire se présente au cédé pour exiger le montant de la créance. Le peut-il équitablement ? L'affirmative nuirait au cédé ; mais il aura son recours contre le cédant. La négative nuirait au cessionnaire ; mais il aura aussi son recours contre le cédant. L'art. 1690 consacre le premier système pour le cas où la cession a été signifiée avant le payement (le 1er février, dans l'espèce); il consacre le second système dans le cas contraire. Le recours contre le cédant n'est qu'une consolation, parce que le cédant peut se trouver insolvable.

A celui qui se renferme judaïquement dans la stricte application de la lettre, on oppose l'*esprit* du législateur. Dans les dispositions légales comme dans les conventions (C. civ., 1156), on doit rechercher quelle a été l'intention des rédacteurs, plutôt que de s'arrêter au sens littéral des termes. « La lettre tue et l'esprit vivifie. »

Faisons l'application de ces divers préceptes à deux questions spéciales.

Question I. Pour que le propriétaire d'un fonds *inférieur* prescrive le droit de jouir d'un cours d'eau, malgré le maître du fonds où est la source, faut-il qu'il ait fait des ouvrages sur le fonds *supérieur?*

Je supposerai que le soutenant adopte la négative et l'argumentant l'affirmative[1]. Celui-ci commence (p. 70):

---

[1] V. dans le sens de la négative, la jurisprudence de la Cour suprême, Proudhon, M. Duranton;... dans le sens de l'affirmative, Delvincourt, Pardessus, Zachariæ, Marcadé, mes *Notes*, n° 2232. Quant à Toullier, ci-dev., page 52, note 1.

L'ARGUMENTANT.

A [1]. Je soutiens que les ouvrages doivent être établis sur le fonds supérieur. *En effet,* il s'agit d'acquérir une servitude par prescription; *or,* pour prescrire un droit réel sur le fonds d'autrui, il faut avoir la quasi-possession ou l'exercice de ce droit (art. 2228); *donc,* il faut avoir fait des actes de possession sur le fonds supérieur : celui qui, dans l'espèce, est grevé de la servitude prétendue. *Quantum possessum, tantum præscriptum.*

LE SOUTENANT.

R. Le principe invoqué est certain; mais il a été respecté dans l'espèce : le propriétaire inférieur a, par hypothèse, une *jouissance* non interrompue pendant trente ans (art. 642), avec travaux destinés à faciliter cette jouissance; donc on retrouve ici la quasi-possession qui est l'élément essentiel de la prescription à l'effet d'acquérir un droit réel.

A. D'ailleurs l'art. 642, qui énumère toutes les conditions requises pour l'accomplissement de la prescription, se contente

[1] La lettre A désigne les arguments *directs*, la lettre R les *réponses.* V. pages 93 et 94.

qu'il ait été *fait des ouvrages*, sans exiger qu'ils aient été exécutés sur le fonds supérieur; on ne saurait être plus exigeant que la loi elle-même.

L'ARGUMENTANT.

R. L'art. 642 n'exclut pas la nécessité de faire les ouvrages sur le fonds supérieur; et s'il ne l'impose pas en termes formels, c'est qu'il n'en avait pas besoin; cette nécessité résulte suffisamment des principes généraux du droit.

A. En effet, pour que la prescription aboutisse à un démembrement de propriété, le fait matériel qui lui sert de base doit consister dans un empiétement sur le droit du voisin; il faut, en un mot, des actes accomplis *jure servitutis*. Or, les ouvrages faits sur le fonds inférieur sont exécutés en vertu de la propriété, et ne sauraient constituer une usurpation; ils sont faits *jure dominii* et non *jure servitutis*.

LE SOUTENANT.

R. L'application des principes généraux de la prescription varie selon l'étendue de la servitude qui en est l'objet. S'il s'agissait d'acquérir le droit d'avoir un aqueduc artificiel sur le fonds supérieur, il ne suffirait évidemment pas de construire un canal sur le fonds inférieur; mais il s'agit simplement de prescrire une servitude négative, astreignant le propriétaire supérieur à ne pas combler la source et à ne pas changer la direction de l'eau. Il suffit, pour cela, de l'état naturel des choses continué pendant trente ans, combiné avec l'attente que manifestent les ouvrages *apparents*.

A. Au surplus, le législateur est libre de déroger aux principes généraux, eussent-ils la portée qu'on veut leur attribuer. Or l'art. 642 est décisif, surtout à l'aide des lumières que nous apportent ici les travaux préparatoires. Le projet exigeait des travaux *extérieurs*, ce qui pouvait signifier : faits en dehors du fonds ; le Tribunat proposa de substituer le mot *apparents* pour écarter toute équivoque, en manifestant d'ailleurs un sentiment favorable à la négative.

L'ARGUMENTANT.

R. Le changement opéré à la sollicitation du Tribunat n'est rien moins que décisif; il en résulte simplement que les ouvrages faits sur le fonds supérieur pourront ne pas dépasser le niveau du sol, pourvu qu'ils soient *apparents*. En manifestant son opinion, le

Tribunat la fonde sur une assertion évidemment fausse, savoir qu'il ne s'agit pas d'établir une servitude par le fait de l'homme. D'ailleurs, rien ne prouve que le Corps législatif l'ait adoptée.

A. Le contraire est d'autant plus probable que le texte même semble l'indiquer : il veut des *ouvrages destinés à faciliter la* CHUTE *de l'eau;* or, la chute est opérée dès que l'eau a touché le fonds inférieur; donc les ouvrages faits sur ce dernier ne la faciliteraient en aucune façon.

LE SOUTENANT.

R. Le mot *chute* a deux sens : il désigne, non-seulement l'expulsion de l'eau du fonds supérieur, mais encore son introduction, sa réception dans le fonds inférieur ; ainsi entendue, la chute est facilitée par les ouvrages faits sur ce dernier fonds aussi bien que par ceux du dehors.

A. Tel est le sens du texte, puisqu'il exige en outre que les travaux facilitent *le cours de l'eau dans la propriété* de celui qui les fait, c'est-à-dire dans le fonds inférieur.

L'ARGUMENTANT.

R. Tout ce qui résulterait des derniers mots de l'article pris à la lettre, c'est que

9.

les ouvrages devraient être faits sur les deux fonds. Je puis, sans me contredire, concéder qu'une partie des travaux est susceptible d'être exécutée sur le fonds inférieur, et soutenir que l'autre doit l'être sur le fonds supérieur.

A. L'ancien droit le décidait ainsi, comme l'atteste le jurisconsulte Cœpolla, dans son traité *De servitutibus* (II, c. 4, n° 57). Or, il est vraisemblable que les rédacteurs ont entendu maintenir les anciens principes, dans ce point comme dans la généralité de la matière des servitudes. S'ils avaient eu réellement la pensée d'innover, ils l'auraient plus clairement manifestée.

LE SOUTENANT.

R. L'intention d'innover, si toutefois il y a innovation véritable, résulte suffisamment du texte, combiné avec la discussion du Tribunat et la concession faite à ses idées.

A. On comprend aisément que le législateur ait mieux aimé protéger la jouissance trentenaire des propriétaires inférieurs, dans l'intérêt de l'agriculture, que la fantaisie du propriétaire de la source qui veut, au bout d'un si long temps, détruire le cours d'eau ou en gratifier d'autres propriétaires inférieurs.

L'ARGUMENTANT.

R. Si les propriétaires inférieurs avaient
un besoin réel de l'eau, ils devaient stipuler
du propriétaire supérieur la concession d'une
servitude conventionnelle; s'ils ont compté
sur la prescription, ils ont dû en remplir les
conditions légales en faisant acte de servitude.

A. Autrement, le maître du fonds supérieur se trouverait grevé sans avoir pu l'empêcher; car il n'a pas le droit de faire supprimer les ouvrages exécutés autre part que
sur son fonds, en admettant qu'il puisse découvrir leur existence.

LE SOUTENANT.

R. Le propriétaire supérieur reste toujours
libre d'interrompre la prescription, soit naturellement, en comblant la source ou dé-
tournant l'eau; soit civilement, en exerçant
une action négatoire, c'est-à-dire en assi-
gnant le propriétaire inférieur à l'effet de
reconnaître qu'il n'a aucun droit de jouissance sur le cours d'eau. — Les ouvrages
sont *apparents,* par hypothèse; si le propriétaire supérieur ne les observe pas, il doit
l'imputer à sa négligence.

A. La jouissance des cours d'eau est digne d'intérêt, quand elle est très-prolongée et que les travaux montrent qu'on a compté là-dessus pour exploiter les fonds inférieurs. On ne voit pas comment l'usurpation partielle de l'immeuble d'autrui serait indispensable en pareil cas pour mériter la protection législative.

L'ARGUMENTANT.

R. Il n'est pas nécessaire, pour protéger la jouissance de certains voisins, de sacrifier les droits du propriétaire de la source et de le grever d'une charge imprévue. Si l'on exige des ouvrages sur le fonds supérieur, ce n'est pas pour encourager l'usurpation, mais pour avoir une forte présomption d'un consentement donné par le propriétaire de la source.

A. En principe, la propriété implique le droit de disposer (art. 544); et, par conséquent, le droit de supprimer une source ou d'en détourner l'eau. L'abstention de cet acte de pure faculté ne saurait fonder une prescription (art. 2232). Les exceptions doivent être restreintes.

LE SOUTENANT.

R. Le droit de propriété se concilie avec l'existence des servitudes (art. 686). L'art.

2232 n'établit pas un principe absolu ; autrement, il empêcherait la constitution des servitudes quelconques par prescription (comp. art. 690). On ne doit pas, pour chercher à restreindre une exception, introduire dans le texte de la loi une distinction qui ne s'y trouve point.

A. Si la loi avait réellement exigé que les ouvrages fussent faits sur le fonds supérieur, cette condition serait facilement éludée : le maître de la source nierait la propriété de quelques décimètres de terrain sur lesquels se trouvent les travaux, afin d'empêcher son voisin de s'en prévaloir pour la prescription. Réciproquement, le propriétaire inférieur nierait la propriété du terrain qui avoisine la chute de l'eau, afin d'invoquer la prescription.

L'ARGUMENTANT.

R. Le juge examinera les faits et déjouera les fraudes. Ce sont là des difficultés pratiques qui ne sauraient modifier la décision légale.

Conclusion. Je m'en tiens, sur cette question, aux principes généraux sur la constitution des servitudes par prescription. Le texte du Code civil n'est pas assez formel pour qu'on trouve une dérogation dans ses termes.

LE SOUTENANT.

Conclusion. Je préfère, quant à moi, appliquer purement et simplement l'art. 642, dont le sens serait éclairci, s'il en était besoin, par la discussion du Tribunat; mon système favorise d'ailleurs l'intérêt de l'agriculture, sans causer de préjudice appréciable à la propriété des sources.

Question II. L'héritier *véritable* peut-il revendiquer, contre les tiers acquéreurs, les biens aliénés par l'héritier *apparent?*

Espèce. Le propriétaire du fonds B meurt, laissant un cousin paternel, sans autre héritier connu; le cousin, héritier apparent, vend le fonds B à Tertius; plus tard, un oncle paternel se présente et se fait reconnaître comme héritier véritable. Peut-il revendiquer le fonds contre Tertius?

Je supposerai que le soutenant adopte l'affirmative, et l'argumentant la négative [1].

L'ARGUMENTANT.

Je prétends que l'héritier véritable ne peut revendiquer. En effet, le tiers acquéreur a

[1] V. dans le sens de la négative, la jurisprudence de la Cour de cassation, Merlin, Zachariæ, M. Demolombe;... dans le sens de l'affirmative, Toullier, Proudhon, M. Duranton, M. Troplong, Marcadé, mes *Notes*, n° 709 A [2].

dû croire qu'il traitait valablement ; il n'avait aucun moyen de s'assurer si l'héritier apparent était le véritable. *Error communis facit jus.*

LE SOUTENANT.

R. L'erreur du tiers né fonde qu'un simple moyen d'équité, insuffisant pour faire prévaloir les prétentions d'un simple détenteur contre le véritable maître. La règle *Error communis facit jus* est faite pour le cas où l'on est obligé de recourir, pour certaines formalités, au témoignage d'une personne crue capable par tout le monde. (Voyez Dig. loi 3, *De officio prætorum.*)

A. Mon système ne se fonde pas sur une simple considération d'équité, mais sur un principe de droit et de bon sens : *Nemo plus juris transferre potest quam ipse habet.* Ce principe, écrit déjà dans le Digeste (fr. 54, *De regulis juris*), a passé dans nos lois. (Voyez C. civ., art. 2125, 2182-2°; C. proc., 717.)

L'ARGUMÉNTANT.

R. Le principe *Nemo plus juris transferre potest* est loin d'être absolu. Ainsi l'administrateur d'un incapable aliène valablement les biens de l'incapable, quoiqu'il n'ait aucun droit lui-même.

A. Au surplus, l'idée générale qui protége les tiers avec lesquels traite un héritier apparent est consacrée dans bien des articles. Je citerai avant tout l'art. 1240, qui valide les payements faits entre les mains de l'héritier par les débiteurs de la succession. *Ubi eadem ratio, ibi idem jus.*

LE SOUTENANT.

R. L'art. 1240 se justifie par un motif particulier, c'est que les débiteurs du défunt sont dans la nécessité de payer ; s'ils s'y refusaient, l'héritier apparent les y contraindrait par voie de justice ; il ne suffirait pas, pour le repousser, d'alléguer la survenance possible d'un parent inconnu ou cru mort avant le défunt. Mais nul n'est obligé d'acheter. L'art. 1240 fournit donc un argument *a contrario* plutôt qu'un argument *a pari.*

A. L'héritier véritable une fois connu, l'héritier apparent se trouve n'avoir jamais eu de droits ; il n'est pas même exact de dire, avec quelques auteurs, que ses droits sont *résolus ;* ils n'ont jamais existé que dans l'apparence des choses. Donc l'héritier véritable a toujours été propriétaire des biens que l'on dit aliénés.

L'ARGUMENTANT.

R. Il n'y a pas lieu de s'attacher à cette propriété reconnue après coup, plus strictement que l'art. 1240 ne s'attache à la créance de l'héritier véritable.

A. J'invoque en ma faveur l'art. 790, qui prescrit de respecter les *droits acquis à des tiers par actes légalement faits avec le* CURATEUR *à la succession vacante;* le curateur n'est pas plus propriétaire que l'héritier apparent. Il y a donc analogie de situation; *eadem ratio.*

LE SOUTENANT.

R. Le curateur est le mandataire légal, le représentant judiciaire de la succession, et par conséquent des héritiers inconnus. L'aliénation faite par le mandataire est aussi valable que si elle eût été faite par le mandant.

A. L'art. 790 confirme donc, loin de le contredire, le principe *nemo plus juris.*

L'ARGUMENTANT.

R. Quand les exceptions sont si nombreuses, elles cessent d'être des exceptions; ce sont bien plutôt des applications d'une règle générale omise.

A. En effet, j'ai d'autres textes encore à produire. Ainsi, l'art. 132 refuse à l'absent de retour le droit de revendiquer ses biens aliénés ; il lui réserve seulement une action personnelle pour en répéter le prix contre les envoyés en possession. Cependant l'absent est toujours demeuré propriétaire, aussi bien que l'héritier véritable.

LE SOUTENANT.

R. Ici encore, l'envoyé en possession définitive est le représentant légitime de l'absent. D'ailleurs, l'art. 132 est spécial au cas d'absence. *Qui de uno negat, de altero dicit.*

A. Le soin que la loi a pris de s'expliquer dans l'hypothèse de l'art. 132 montre qu'elle n'a pas entendu faire, de cette décision particulière, un principe général. *Exceptio firmat regulam.* Donc l'axiome *nemo plus juris* demeure applicable à l'héritier apparent.

L'ARGUMENTANT.

R. Je vois encore une application où vous ne voyez qu'une exception. Voici un autre exemple.

A. L'art. 1380 n'autorise celui qui a payé indûment une chose qu'à répéter le prix, en cas de vente ; or il n'avait pas cessé d'être propriétaire, ayant aliéné sans cause.

LE SOUTENANT.

R. Si l'on admet, conformément aux principes du droit français nouveau, que le payement indu n'implique pas translation de propriété (arg. de l'art. 1131), il est clair que le *solvens* pourra revendiquer contre les tiers [1]. L'art. 1380 n'a réglé que ses rapports avec l'*accipiens*. Je suis disposé à défendre cette doctrine. — Si l'on admet, avec le droit romain, que la propriété a été transférée, l'*accipiens* a pu aliéner, et il est tout simple que le *solvens* ne puisse revendiquer.

L'ARGUMENTANT.

A [2]. Les art. 2005, 2008, 2009 valident les actes faits avec un mandataire révoqué; or, après l'expiration du mandat, le mandataire n'a pas plus le pouvoir d'aliéner que l'héritier apparent.

LE SOUTENANT.

R. Jusqu'à la révocation, le mandataire représente le propriétaire; tandis que l'hé-

---

[1] Dans ce système, l'art. 1380 n'est point une objection. Aussi je ne comprends pas comment Marcadé, qui n'admet pas la translation de propriété, se croit obligé de voir dans l'art. 1380 « une exception au principe que le propriétaire seul peut aliéner. » (Tome 1, n° 473-4°.)

[2] Je m'abstiens de répéter, sous de nouvelles formes, l'argument principal du soutenant et la réponse de l'argumentant, parce qu'ils ne varient point, au fond.

ritier apparent n'a jamais eu aucun droit. Après la révocation, le mandant est en faute de ne pas faire connaître aux tiers l'expiration des pouvoirs de son représentant. L'héritier véritable n'avait donné aucun pouvoir à l'héritier apparent.

L'ARGUMENTANT.

A. Mon opinion se fonde encore sur l'ancienne jurisprudence et sur divers textes de lois romaines. Le silence du Code et des travaux préparatoires montre qu'on n'a pas entendu innover sur ce point.

LE SOUTENANT.

R. La question a été très-controversée dans l'ancienne jurisprudence, témoin Lebrun et le parlement de Paris, qui a jugé en faveur de l'héritier, dans une affaire plaidée par Cochin. Quant aux textes du droit romain, ils sont plutôt favorables que contraires à l'héritier. Les décisions opposées sont des conséquences d'un sénatus-consulte particulier rendu sous Hadrien; l'une d'elles, la loi 25 § 17 *de heredit. petit.* a toujours été regardée comme une sorte d'énigme juridique. Rien ne prouve donc que les rédacteurs du Code aient été influencés par l'ancien droit.

L'ARGUMENTANT.

A. Il est impossible que le législateur ait voulu laisser les possesseurs de bonne foi sans protection.

Conclusion. Cette considération seule, quand elle ne serait pas fortifiée par tous les textes formels que j'ai invoqués, me déterminerait à repousser la revendication intentée pour l'héritier véritable.

LE SOUTENANT.

R. La bonne foi des acquéreurs est protégée par la prescription de dix ou vingt ans. Peut-être mériterait-elle une protection plus efficace; je ne m'oppose pas à ce que l'on réforme la législation, sous ce point de vue. Mais, quant à présent, il faut prendre la loi telle qu'elle est, et non la refaire.

Conclusion. Je persiste à croire que l'héritier apparent n'a pu transmettre une propriété qui ne lui a jamais appartenu, bien qu'il ait pu recevoir le payement des débiteurs de bonne foi. La protection que certains articles exceptionnels accordent à ceux qui acquièrent d'un envoyé en possession définitive, d'un curateur ou d'un mandataire révoqué, ne saurait être étendue à notre hypothèse sans une loi formelle.

10.

CHAPITRE TROISIÈME.

PRÉPARATION DE LA THÈSE.

Recherche et position des questions.

Le choix des controverses est facile en droit français. Les auteurs récents en indiquent un grand nombre. Un répertoire assez complet en ce genre est le *Programme* de droit civil, par M. Demante. Les questions y sont imprimées en caractères particuliers et sans solution, ce qui est loin d'être un inconvénient [1]. Mais il faut se procurer l'une des trois premières éditions, la troisième, s'il est possible. A partir de la quatrième, l'auteur a dénaturé son livre en substituant des solutions à ses questions. Son *programme*, transformé en *cours analytique*, a désormais

[1] Aussi doit-on préférer ce livre à celui que Mazerat a publié pour le compléter. Mazerat aurait dû présenter le pour et le contre; et, dans tous les cas, donner un plus grand nombre d'arguments. Il devait supprimer quelques questions trop simples ou qui sont le développement analytique d'une question principale; en ajouter plusieurs, et des plus importantes, que M. Demante a jugé à propos de trancher dans son texte. Enfin, comme on va le voir, il fallait rectifier l'énoncé de la plupart.

perdu le caractère spécial d'utilité que je viens de signaler [1].

Si l'on veut examiner une plus grande quantité de questions, on consultera les livres publiés depuis 1840, surtout les monographies ou livres spéciaux et les recueils périodiques de jurisprudence.

Une question bien posée est à moitié résolue. Il importe donc de se fixer avant tout sur l'énoncé.

Une première condition consiste à préciser et la *difficulté juridique* et l'hypothèse qui la fait naître. Gardez-vous de croire que vous ayez posé une question de droit en demandant *quid juris* ou *quid?* tout court. Cette méthode vicieuse est suivie par les jurisconsultes qui se réfèrent à des explications antérieures. Ils évitent une répétition et tombent dans l'obscurité. Demander ce qu'il faut décider ou *quid juris* dans le cas où le débiteur aliène l'immeuble hypothéqué, c'est énoncer une espèce, une hypothèse pure et simple, sans spécifier le moins du monde le doute juridique à résoudre. Demande-t-on si le débiteur est déchu du bé-

[1] L'auteur disait dans la préface de son *Programme:* «Mon amour-propre aurait trop à souffrir si l'on voyait dans ce livre le fruit de vingt années d'étude...» — Les professeurs s'imagineraient-ils qu'il est facile de faire un bon livre *élémentaire*, ou qu'un ouvrage doit être volumineux pour être excellent? Qu'ils relisent les leçons de philosophie de Laromiguière.

néfice du terme ou si l'hypothèque est éteinte? demande-t-on si le créancier peut s'inscrire ou si l'acquéreur peut purger? Rien ne laisse deviner laquelle de ces questions ou de cent autres est l'objet du débat [1].

Il est inutile d'introduire, dans l'énoncé, des détails ou des tournures de phrase qui *préjugent* la difficulté, comme : *Ne* doit-on *pas* dire...? ou : La raison *ne* veut-elle *pas...?* Il faut laisser ce petit artifice d'expression au professeur qui tâte un élève faible, pour mesurer l'étendue de sa complaisance doctrinale.

A plus forte raison convient-il d'exclure de l'énoncé les arguments sur lesquels se fonde l'une des solutions possibles. Ainsi la question traitée plus haut, p. 97, ne se posera point ainsi : « Ne doit-on pas *conclure de l'art.* 642 qu'il suffit, pour prescrire la jouissance d'un cours d'eau, de faire des ouvrages sur le fonds inférieur? » Le texte de l'art. 642 est favorable à l'affirmative. Mais pourquoi retirer d'avance, en quelque sorte, un argument de la discussion? Les commençants, en pareil cas, sont exposés à le perdre de vue [2]. Parfois, dans la discussion orale, l'assaillant, au lieu de proposer,

[1] Le programme de M. Demante renferme beaucoup trop d'interrogations de ce genre.

[2] Le répertoire de questions de M. Demante pèche également sous ce rapport. Le même défaut se retrouve chez tous les auteurs qui veulent rattacher la

comme il le doit, un moyen d'attaque direct (p. 93), gâte un argument pour se donner le plaisir de le réfuter ; le soutenant, s'il
manque d'expérience, finit par croire qu'il
ne convient pas de répéter l'induction déjà
formulée à son profit, ou par la considérer
comme suffisamment développée, et se prive
d'une défense précieuse.

Une précaution dont l'emploi est plus difficile, consiste à *resserrer* la question pour en
écarter les hypothèses où elle n'offre aucun
doute. En voici un exemple. On demande si
le débiteur peut répéter ce qu'il a payé avant
l'échéance? Or, l'affirmative est insoutenable
dans le cas où le débiteur a renoncé sciemment et volontairement au bénéfice du terme.
Il faut donc restreindre la question au cas
où le débiteur a devancé l'exigibilité par erreur. On concentre tout d'abord la controverse
sur le seul terrain où elle puisse être sérieuse.

En général, une question peu complexe
offre deux solutions : l'affirmative et la négative. Mais souvent il s'ouvre une troisième issue; on *distingue* entre diverses hypothèses pour répondre *oui* dans les unes,
non dans les autres (v. p. 72). Ainsi, dans
la question que je viens de rappeler, j'incli-
nerais à distinguer si le créancier avait prêté
la somme due, s'il s'était engagé de manière

question à des principes déjà établis, par une sorte
de transition.

ou d'autre à en garantir la jouissance au débiteur ; — ou bien, si le délai était le résultat d'une concession légale (v. art. 1565) ou conventionnelle, dont le but unique était de permettre au débiteur de trouver de l'argent. Dans le premier cas, je comprends que l'erreur autorise à revenir sur le payement : le débiteur ne doit pas être privé de la jouissance du capital sur lequel il a compté. Dans le second cas, le motif qui avait fait concéder le délai n'existe plus ; le créancier ne saurait être forcé à courir de nouveau, malgré lui, les risques de l'insolvabilité de son débiteur. V. mes *Notes* n°s 4410, 7532.

Le nombre des hypothèses est indéfini. Le nombre des systèmes intermédiaires entre l'affirmative et la négative est également indéfini. — Quand la difficulté provient d'un conflit entre plusieurs intérêts dont le concours n'a pas été prévu par le Code, ou ne l'a été qu'imparfaitement, le nombre des systèmes est également indéfini. Telle est la question de savoir comment régler les droits de *plusieurs* enfants naturels, en concours avec des enfants légitimes. Les auteurs qui admettent la possibilité d'un concours entre trois créanciers dont le premier vient avant le second, le second avant le troisième, et le troisième avant le premier, admettent par contre-coup des difficultés du même genre.

Il est rare que la solution *négative* soit assez claire par elle - même. Elle a besoin d'une solution positive complémentaire. — Envisageons, par exemple, la question de savoir si le simple consentement suffit pour transférer la propriété. L'affirmative se comprend sans secours. Mais la négative est obscure; on n'aperçoit pas nettement le résultat auquel elle conduit. Il faut donc préciser quelle condition doit se joindre au consentement, dans ce système, pour opérer l'acquisition; les partisans de la négative exigeront sans doute : la transcription, à l'égard des immeubles; la tradition, à l'égard des meubles.

Le nombre des controverses sérieuses que renferme la science du droit est incalculable. Il est permis de négliger celles qui n'offrent aucun intérêt pratique. De là sans doute l'usage qui permet d'exiger d'un soutenant qu'il établisse l'*intérêt de la question*, avant de se donner la peine de la discuter.

Toutes les questions de *classification* font naître cette difficulté préjudicielle. Demande-t-on si le droit du preneur à bail est un droit réel? si les lois sur la capacité de disposer forment un statut personnel? si une créance qui a pour objet un meuble ou un immeuble sous alternative, est un droit mobilier ou immobilier? On est tenu de prouver que la réponse influera sur les résultats pratiques et qu'ils varieront avec elle. Si les règles relatives aux droits réels ou aux droits immobiliers étaient exactement applicables aux droits personnels ou aux droits mobiliers; si les statuts réels ou personnels étaient indifféremment applicables aux étrangers et aux Français, il deviendrait superflu de controverser les questions précédentes. Ce seraient des *questions de mots*.

Je trouve qu'on pousse parfois trop loin le scrupule sur l'intérêt pratique de la question. Je crois qu'il n'est pas inutile de creuser la nature de certains droits fondamentaux, tels que la servitude et l'hypothèque. Il doit être permis de rechercher si ces deux droits sont des démembrements de la propriété; ou si l'hypothèque est un droit réel [1], sans être tenu de bâtir un procès supposé dans lequel ces questions pourraient s'agiter. L'intérêt théorique est assez grand ici pour que la controverse ne dégénère pas en vaine dispute de mots. Il en sera de même, toutes les fois que la discussion aura pour but d'éclaircir ou de rectifier une notion primordiale ou quelque principe essentiel.

La question de savoir si une loi en vigueur tire sa *source* de telle ou telle autre loi abro-

---

[1] Quelques auteurs, en petit nombre, soutiennent que l'hypothèque est un droit personnel. V. divers écrivains allemands et Marcadé. — J'ai vu H. Blondeau, théoricien profond, s'opposer dans un concours à ce que cette question fût discutée.

gée, nécessite une explication complémentaire ; car si toutes les solutions doivent amener le même résultat, la difficulté n'a plus qu'un intérêt purement historique. (V. p. 40.)

La question de savoir si telle loi est *abrogée*, par exemple si la loi du 25 ventôse an XI sur le notariat est encore obligatoire en ce qui touche les testaments par acte public : cette question, dis-je, astreint celui qui la pose à prouver que la solution a quelque intérêt pratique. Le Code civil et la loi de ventôse prescrivent des formalités et des conditions de capacité diverses. Donc il importe d'examiner s'il faut exclusivement observer la loi la plus récente, ou les appliquer concurremment toutes deux.

Celui qui pose une question est tenu, si l'adversaire l'exige, d'en faire l'application à une *espèce*. La nécessité d'une espèce se fait peu sentir, quand la question s'élève entre deux personnages. Il en est autrement, quand leur nombre se multiplie, surtout s'il s'agit de faire entre eux quelque partage. Telles sont les questions qui naissent du concours de plusieurs co-héritiers ou co-créanciers ayant des droits inégaux ; de plusieurs co-obligés, cautions ou tiers détenteurs d'immeubles hypothéqués, ayant un recours les uns contre les autres. — Il est bon, en pareil cas, de s'essayer d'avance à faire des espèces.

On a soin de les simplifier en réduisant les *personnages* au nombre strictement nécessaire. Si trois suffisent, la présence d'un quatrième amènerait la confusion. On désigne les personnages par leur qualité : le défunt, l'héritier, le testateur, le légataire, le créancier, le débiteur principal, la caution…. Quand plusieurs personnages ont un rôle identique, on les dénomme à l'aide d'adjectifs ordinaux qui facilitent la mémoire, et indiquent au besoin un ordre de préférence. S'agit-il de régler la collocation de plusieurs créanciers hypothécaires, on les appellera Primus, Secundus, Tertius…, selon l'ancienneté de leurs hypothèques [1]. — On procède pour les *biens* comme pour les personnes ; on les désigne autant que possible par la qualité qu'ils ont dans l'affaire ; on dit, par exemple : la chose vendue, le fonds hypothéqué, le fonds servant et le fonds dominant. Si plusieurs ont la même qualité, on dira le fonds A, le fonds B, le fonds C…. Les sommes seront toujours en nombres ronds ; le calcul en devient plus facile.

[1] Quelques auteurs répugnent à employer des terminaisons latines, et préfèrent des noms propres vulgaires. Ce scrupule grammatical les prive des avantages que j'ai indiqués, sans qu'aucune utilité sérieuse compense cet inconvénient. — Je trouve dans M. Duranton (vi, nº 184) une espèce où se trouvent *seize* noms propres : Paul, Alexandre, Jacques, etc. Ces noms sont distribués au hasard, et rien ne rappelle à l'esprit la différence des rôles que jouent ces nombreux personnages.

Toutes les fois que l'*époque* des actes influe sur leur efficacité, ayez soin d'en fixer la date dans l'espèce avec des chiffres symétriques. — Exemple. On demande si celui qui saisit-arrête une créance cédée par son débiteur, avant la signification de la cession, est tenu d'admettre à concours le cessionnaire qui a signifié plus tard et le créancier du cédant qui formerait saisie–arrêt après cette signification? Voici l'espèce. Une créance de 100,000 francs est cédée le 1ᵉʳ janvier. Le 1ᵉʳ février, Primus, créancier du *cédant*[1] pour 50,000 francs, fait saisie-arrêt entre les mains du *cédé*. Le 1ᵉʳ mars, le *cessionnaire* signifie le transport. Le 1ᵉʳ avril, Secundus, autre créancier du cédant pour 50,000 francs, forme opposition entre les mains du cédé. On demande comment les 100,000 francs seront répartis. Les deux systèmes les plus simples donnent 50,000 francs à Primus, puis les 50,000 autres, soit au cessionnaire, à l'exclusion de Secundus; soit à Secundus, à l'exclusion du cessionnaire. Les systèmes qui font concourir le cessionnaire et Secundus avec Primus sont plus compliqués[2].

[1] Il est inutile d'affubler d'un nom propre les trois personnages dont la cession implique l'existence, puisque la science leur donne des noms techniques, même au débiteur, qu'un usage incorrect mais commode qualifie de *cédé*.

[2] V. mes *Notes* sur le Code civil, nᵒ 6752 A 2.

L'argumentant peut proposer lui-même une hypothèse, sommer le soutenant de déclarer s'il y applique sa solution, et discuter la possibilité ou les inconvénients de cette application. Le but de l'argumentant, en pareil cas, est de se procurer un argument par l'absurde. Il est assez facile de repousser ce genre d'attaque, si l'espèce proposée est bizarre ou extraordinaire. En voici un exemple. On demande si le second mari d'une mère tutrice qui a négligé de convoquer le conseil de famille en se remariant, est responsable de la gestion antérieure au mariage. Au soutenant qui adopte l'affirmative, l'argumentant pourra poser le cas où le nouveau mari est né depuis l'ouverture de la tutelle : il se trouverait ainsi responsable de faits accomplis avant sa naissance, ou depuis, avant qu'il n'eût atteint l'âge de raison. Il est peu probable que des hypothèses aussi singulières se soient présentées à l'esprit des rédacteurs. *Quod semel aut bis extitit, prætermittunt legislatores* (Dig., l. 6, *De legibus*). — Indépendamment de cette réponse générale, il arrive parfois que le soutenant trouve une espèce où se rencontre un résultat inverse, aussi défavorable à son adversaire ; alors les deux arguments se neutralisent.

Les controverses de *droit romain* sont difficiles à découvrir pour ceux qui ne sont pas familiarisés avec ce genre de recherches. Les répertoires spéciaux de questions sont rares et ont quelque peu vieilli; l'antinomie y domine trop[1]. Le livre où l'on étudie d'ordinaire chez nous, les *Pandectes de Pothier*, ne fait pas assez ressortir les difficultés; il les résout presque toujours par la place qu'il donne aux textes dans sa compilation, ou par la relation qu'il établit entre eux au moyen d'une simple particule; il les concilie fréquemment sans annoncer d'avance qu'il est possible d'affirmer leur opposition. Néanmoins le livre de Pothier est encore le guide le plus commode que je puisse indiquer. Il ne me reste plus qu'à dire comment on peut en tirer parti et le compléter par d'autres auteurs.

Les questions se présentent en droit romain sous quatre formes diverses. Il y a les *questions* proprement dites, les questions d'antinomies, les questions controversées par les jurisconsultes romains eux-mêmes, et les questions de variantes. Les premières se reconnaissent à la seule inspection.

Les *antinomies* sont des contradictions entre deux textes (ἀντὶ νόμος); elles sont signalées dans les notes des éditions vulgaires du *Cor-*

---

[1] Un catalogue de ce genre aurait grossi outre mesure ce petit volume. Peut-être en publierai-je un plus tard.

pus juris par les mots *obstat, vide tamen* ou *immo vide*[1].

A l'époque où le droit romain avait force de loi, on traitait les antinomies comme celles qui se rencontrent parfois dans nos Codes : on se creusait la cervelle pour les résoudre à tout prix. On cherchait des hypothèses distinctes pour appliquer chacune des lois contraires, au risque de sacrifier les termes de l'une d'elles ; parfois on altérait le texte par le retranchement ou l'addition d'une particule négative. Aujourd'hui les lois romaines ont perdu leur caractère obligatoire ; la nécessité de les *concilier* n'existe plus[2]. De là le précepte suivant. Il faut examiner avant tout si les deux textes contradictoires sont du même jurisconsulte ou du même empereur. S'ils émanent d'auteurs

---

[1] Il existe un recueil d'antinomies, intitulé IMMO GOTHOFREDI, etc., ou Conciliation des antinomies indiquées dans l'édition de Denis Godefroi, par Struvius. Cet auteur était assez goûté autrefois ; M. Dupin parodiait Boileau à son occasion :

> Son livre est d'*arguments* un fertile trésor.

Aujourd'hui il est passé de mode, pour les raisons qu'on va voir.

[2] Selon Ducaurroy (n° 40), le désir de concilier les textes est le fruit de l'illusion produite par une assertion téméraire de Justinien (*contrarium... in hoc codice... nullum sibi locum vindicabit*). Cette explication repose sur une hyperbole. Elle est d'ailleurs insuffisante ; quand deux textes de loi sont produits devant un juge, il est bien obligé de les concilier, s'ils sont de la même date.

différents, l'antinomie s'explique d'elle-même; surtout si les jurisconsultes appartiennent à des sectes opposées, si l'un est sabinien et l'autre proculien [1], et encore mieux, lorsque l'un des deux atteste sa dissidence avec l'autre [2]. La même observation s'applique aux constitutions impériales : si elles sont d'empereurs différents, et, partant, de dates diverses [3], il devient assez vraisemblable que la législation a varié sur le point en litige. On n'a pas mieux besoin de concilier Paul et Ulpien, Dioclétien et Septime Sévère, que de mettre d'accord Ricard et Pothier, Toullier et Merlin, les ordonnances de Louis XIV et les Codes de la République ou de l'Empire.

Alors même que les textes contradictoires appartiennent à un seul jurisconsulte, il faut encore observer s'ils sont extraits de deux ouvrages différents ou même de deux sections différentes d'un seul ouvrage : il n'est

---

[1] Labéon, Proculus, Marcellus, Celsus, Neratius sont *Proculiens;* Gaïus, Julianus, Pomponius, Javolenus, Africanus sont *Sabiniens.* Les jurisconsultes des siècles suivants sont moins attachés à l'esprit de secte. — Marcellus est l'adversaire continuel de Julien.

[2] La décision de Celsus dans la loi 79, § 3, *De legatis* 3°, est contraire à celle de Paul dans la loi 98 § 8, *De solutionibus.* Toute conciliation est ici divinatoire, car Paul déclare qu'il rejette le système de Celsus : *nec admissum est quod Celsus ait.*

[3] La date se lit en général, à la suite de la constitution, dans le *Corpus juris.*

pas sans exemple qu'un auteur modifie ses idées avec le temps. Mais, en thèse générale, il est vraisemblable que le jurisconsulte ne s'est pas contredit lui-même, et que l'une de ses décisions se rapporte à quelque cas particulier.

Jamais on n'a considéré comme produisant antinomie la citation d'une opinion contraire dans un fragment; la décision définitive de l'auteur du fragment était seule obligatoire pour le juge. Aujourd'hui, ces citations attirent davantage l'attention des interprètes, à cause des controverses qu'elles révèlent. Les exemples abondent : on les trouve à quelque endroit qu'on ouvre le Digeste [1].

Bien des professeurs considèrent toute discussion comme épuisée, quand ils ont constaté le *dissentiment* des jurisconsultes romains. Je ne saurais adopter cette manière de voir. Il peut être curieux de signaler une controverse de plus entre les proculiens et les sabiniens ; mais, après tout, ce n'est là qu'un détail historique. La science du droit proprement dit exige davantage. Il reste à rechercher sur quelles raisons se fondaient les doctrines divergentes et quels arguments elles auraient pu invoquer. Pour se convain-

---

[1] V., entre autres, la loi 65 *De adquirendo dominio*, où Paul contredit ouvertement Labéon jusqu'à trois fois de suite.

cre de la possibilité d'une controverse dans ce cas, il suffit de supposer que l'on est transporté à Rome en présence du juge de la question ; on se fait proculien ou sabinien, ou même on embrasse une troisième opinion. Prenons pour exemple la question de la spécification (Instit., § 25, *De rerum divisione*). On soutiendra : soit la doctrine proculienne qui favorise le spécificateur, soit la doctrine sabinienne qui protége le maître de la matière première, soit le système éclectique décrété par Justinien, soit toute autre solution imaginable ; en observant toutefois que les lois romaines sont la base nécessaire de la discussion ; on se gardera bien de leur substituer des idées modernes ; on se mettra, en un mot, à la place des jurisconsultes romains. La thèse se posera, en désignant l'auteur dont on s'engage à défendre l'opinion [1].

Enfin il y a des questions de *variantes*. Les meilleures éditions du *Corpus juris* diffèrent dans bien des points. Là même où toutes s'accordent, il est permis de supposer des erreurs de copistes, des intercalations d'annotations étrangères dans le texte original, des altérations opérées par Tribonien. Elles sont incontestables dans une

---

[1] Par exemple, on dira, s'il s'agit de la spécification : *Recte* (ou *male*) *senserunt Proculiani novam speciem ejus esse qui fecerit.*

foule de passages ; dans d'autres, elles prêtent à la controverse. On choisira naturellement, parmi ces dernières, celles qui influent sur la décision du texte. L'erreur dont la supposition est le plus vraisemblable consiste à omettre ou ajouter une négation ; on conçoit que le copiste a aisément pu commettre une pareille faute [1]. On sera encore moins scrupuleux sur les changements de ponctuation, parce que les manuscrits originaux n'étaient pas ponctués.

Voici quelques exemples de questions de variantes. Faut-il lire dans le § 2 *De actionibus* (Instit.) : *Sane hoc uno casu;* ou bien *sane non uno casu,* au lieu de *sane uno casu?* — Faut-il lire *adquisita* ou *adquisitæ* dans le § 21 *De rerum divisione?* — Faut-il lire *libertates* au lieu de *hereditates* dans la loi 3 *De regula catoniana?* — Faut-il lire *fiducia* partout où se trouve le mot *hypotheca?*

L'argumentant peut demander quel est l'intérêt pratique de la conciliation que l'on propose pour une antinomie, ou de la rectification que l'on veut faire subir au texte. Le meilleur moyen de vérifier la réalité de cet intérêt consiste à énoncer, dans la forme ordinaire, la question dont la solution est subordonnée, soit à la conciliation des textes

____

[1] On a fait des ouvrages spéciaux sur cette catégorie de corrections. V. Jauchius, *De negationibus Pandectarum.*

contradictoires, soit à l'admission de la leçon contestée. C'est, dans tous les cas, une précaution à prendre pour s'assurer que l'on comprend la portée de la variante ou de l'antinomie.

Quelques commençants posent des questions *sans les résoudre.* Autant vaudrait n'en pas poser du tout. Ils trahissent, sans utilité pour eux, l'incertitude de leur esprit, et, par suite, l'insuffisance de leurs travaux préparatoires. Soutenir une thèse, c'est défendre une opinion, et non désigner un sujet d'étude. Si l'on a une conviction arrêtée, pourquoi la dissimuler ? Pourquoi laisser l'argumentant dans l'embarras de deviner ? ou plutôt pourquoi le forcer de provoquer une explication complémentaire, qu'on ne saurait refuser sans battre en retraite ? Si vous n'avez pas d'opinion formée sur un nombre suffisant de difficultés sérieuses, remettez-vous au travail.

La forme interrogative n'est pas obligatoire dans l'indication des controverses. Elle est gênante pour ceux qui ne manient pas aisément la langue latine. On peut y substituer des propositions affirmatives ou négatives complètes. Au lieu de dire : « *Num jus adcrescendi emptori hereditatis prosit? non prodest;* » ou bien : « *Anne... prosit? prodest;* » on dira : « *Jus adcrescendi emptori hereditatis non prodest,* » ou « *prodest.* »

J'ai connu des candidats assez conscien-
cieux pour donner la solution de *toutes* les
difficultés que leur avait fournies la lecture
des auteurs principaux. Un zèle aussi extraordinaire est un élément de succès, quand
l'épreuve verbale tient les promesses de
l'épreuve écrite. Par bonheur, il n'est pas
indispensable de pousser le travail jusqu'à
cette limite pour réussir, même complète-
ment. On se contente, en général, d'une
douzaine de solutions controversables sur le
droit français et d'à peu près autant sur le
droit romain[1]. L'essentiel est de les défendre avec une vigueur suffisante de logique.

Recherche des arguments.

Les jeunes gens éprouvent la plus grande
difficulté à trouver des arguments sans un
secours étranger, tant qu'ils ne sont pas familiarisés avec la dialectique. Les auteurs
n'effleurent même pas toutes les questions,
et presque toujours ils laissent dans l'ombre
la doctrine qu'ils rejettent. Aussi l'élève qui
adopte, de confiance, la solution indiquée
dans un livre est souvent embarrassé, dès le
début, par son adversaire, et ne sait comment réfuter un argument sérieux qu'il
n'avait pas prévu.

[1] Le règlement devrait fixer un *minimum*. — Il y
a quelques années, on ne posait aucune question en
droit romain. Bien des candidats en indiquaient à
peine trois ou quatre sur le droit français.

La classification que j'ai donnée (p. 19) des sources auxquelles se puisent les arguments servira naturellement de base pour leur recherche.

On essayera d'abord de les tirer du texte, puis des travaux préparatoires, des anciennes lois ou des anciens auteurs, des principes généraux ou des vérités philosophiques susceptibles de se rattacher à la question, et, en dernier lieu, de l'équité proprement dite.

Avant tout, on cherche la démonstration dans les *textes*. Si la loi commande, il faut obéir. Lors même qu'elle n'est pas suffisamment explicite, c'est un immense avantage que de savoir en tirer des inductions à livre ouvert. On est sûr de ne jamais rester court, même sur une question complétement imprévue; car on a le droit de consulter les Codes, tandis que la mémoire peut faire défaut sur les considérations tirées de la science ou de l'équité.

Les textes sont parfois disséminés. On aura soin de rapprocher tous ceux qui ont trait à la question. (V. par ex. p. 106 et suiv.)

Si la loi fournit une décision dont les termes embrassent ou excluent l'une des solutions possibles de la difficulté, on invoque l'adage qui défend de distinguer là où le législateur ne distingue pas; de prescrire des conditions, des formalités, quand il n'en exige aucune.

Si la décision est simplement analogue, on argumente *a pari* ou *a fortiori*, suivant les cas.

Si elle est formulée en sens inverse, on argumente *a contrario*.

Pour être en état d'argumenter du texte, il est indispensable de posséder la partie de la loi qui est l'objet spécial de la thèse, avec les articles corrélatifs. Dans ce but, on étudie, comme si l'on préparait un examen sur la matière dont il s'agit, en se pénétrant autant que possible des principes fondamentaux. La connaissance de ces principes est nécessaire : pour rédiger la dissertation imprimée; pour trouver sur-le-champ la solution des questions faciles; pour obtenir des arguments, dans le silence de la loi ; pour apprécier la valeur des arguments *a pari* ou *a contrario*. On se rappelle en effet que leur force varie, selon que l'article d'où on les tire est une application d'idées plus générales, ou une dérogation aux règles du droit. Il n'existe, à ma connaissance, qu'un seul livre où l'on indique, d'une manière constante, la relation de chaque article avec les principes. Je suis donc obligé d'en conseiller la lecture pour l'étude préparatoire des textes, bien qu'un auteur inspire peu de confiance quand il parle de son ouvrage. C'est le commentaire théorique intitulé *Notes sur le Code civil*, en 3 vol. in-8°. A la suite de chaque article, j'en fais ressortir le principe générateur, sous le mot *déduction* [1] ; ou, lorsque l'article renferme une dérogation, je signale le principe auquel la loi déroge.

Quand on a démontré qu'un article est la conséquence d'une règle plus générale, il est inutile d'en chercher un motif particulier [2] ; on doit plutôt examiner quelle raison a déterminé le législateur à s'expliquer formellement. L'argument *a pari* est alors plus sûr que l'argument *a contrario*. — Quand on a constaté qu'un article déroge aux principes généraux du droit, on est obligé d'en rechercher les motifs ; si l'on n'en trouve point de satisfaisants, on est conduit à critiquer la loi. C'est l'hypothèse où l'argument *a contrario* a son plus haut degré de force.

L'étude des *principes* accompagne presque nécessairement celle des textes, surtout si elle se fait selon la méthode que je conseille. En observant scrupuleusement la génération rationnelle de chaque article, on découvre au fur et à mesure les principes formulés en

[1] C'est le terme le moins obscur que j'aie trouvé pour exprimer ma pensée : il s'agit dans ce travail de *déduire* le texte de l'article, d'une proposition juridique plus large, lorsque cela se peut. Quand la chose est impossible, il reste à faire voir que l'article est une exception, et en quoi il est une exception, ce qui n'est pas moins utile. C'est, à mon avis, le seul moyen de donner à la science du droit quelque chose de l'exactitude rigoureuse des mathématiques.

[2] Les livres usuels confondent en pareil cas ce que j'appelle la *déduction*, avec les *motifs*.

loi, et ceux qui sont demeurés à l'état d'abstractions philosophiques.

L'examen du texte doit être suivi de la lecture des exposés de motifs, et des discussions législatives. On aura soin de comparer la rédaction légale avec celle des divers projets [1].

La comparaison du texte avec les *sources* est aussi de la plus grande utilité. Quelque titre du Code civil que le sort désigne pour sujet de thèse, on lira l'ouvrage correspondant de Pothier [2]. On n'oubliera pas que l'argument de source tire sa valeur du silence des travaux préparatoires et de l'absence de raisons de décider, spéciales, soit au droit ancien, soit au droit nouveau.

Enfin l'on complétera les arguments de droit positif par des considérations puisées dans l'*équité* proprement dite. Pour les découvrir, on se placera fictivement dans la position des parties; on se demandera quels inconvénients produirait, pour l'une ou pour l'autre, la solution affirmative ou négative

[1] V., pour le Code civil, la compilation de M. Fenet : *Recueil complet des travaux préparatoires du Code civil*, 15 vol. in-8°, 1836; il en existe d'autres de Locré, Favard de Langlade, Crussaire, Jouanneau et Solon. — Pour les lois récentes, v. le recueil annuel de M. Duvergier ou le *Moniteur*.

[2] Quelques auteurs ont publié l'indication des sources du Code civil, article par article; v. entre autres les ouvrages de Dard (1 vol. in-8°) et de Dufour (4 vol. in-8°).

de la difficulté ; on se demandera encore à quels résultats elles ont dû raisonnablement s'attendre. (V. p. 56.)

Choix d'une solution.

Gardez-vous d'embrasser une opinion sans examen et par une confiance aveugle dans votre auteur favori. Croyez le vieux proverbe : Qui n'entend qu'une cloche n'entend qu'un son. Avant de nier ou d'affirmer, pesez et comptez les raisons. Comparez avant de juger, et ne jurez point *in verba magistri*.

Pour être plus sûr qu'on n'est dominé par aucune prévention, on étudie successivement l'affirmative et la négative, en commençant par l'une ou par l'autre au hasard. Ce n'est qu'après avoir épuisé tous les arguments fournis par la lecture ou suggérés par la réflexion, que l'on se décide à choisir.

Quelquefois l'incertitude subsiste après l'examen le plus approfondi. Prenez alors l'opinion qui compte en sa faveur la *majorité* des arguments : c'est presque toujours la plus facile à soutenir pour ceux qui commencent, à cause de l'embarras où les jette la nécessité de varier la forme d'un argument solide mais unique.

La meilleure méthode consiste, selon moi, à écrire les arguments sur deux colonnes, en les ramenant à l'expression la plus simple. Une fois débarrassés de l'attirail de phrases plus ou moins élégantes dont les habillent les auteurs ou les avocats, ils apparaissent réduits à leur valeur réelle ; on les compare tout à son aise, sans craindre les illusions du style ou de la parole.

Voici un exemple de ce genre de travail.

QUESTION. La révocation d'un testament par un acte écrit, daté et signé du testateur, sans aucune disposition, est-elle valable ?

Oui : 969 permet de tester dans la forme olographe ; or, 1035 permet de révoquer par un TESTAMENT postérieur, sans spécifier de forme.

La forme olographe suffit pour enlever tous les biens disponibles aux héritiers, *a fortiori* pour les leur rendre.

L'acte dont il s'agit renferme, outre la volonté de révoquer, toutes les garanties de forme voulues ; car un legs n'est pas une formalité.

Autrement, l'addition d'un legs de valeur minime suffirait pour valider la révocation.

La dernière phrase de 1035 a pour but de faciliter la révocation et non de l'entraver.

Non : 1035 veut que l'*acte portant* simplement *déclaration du changement de volonté* soit DEVANT NOTAIRES.

895 définit le testament un acte par lequel on DISPOSE de ses biens ; or, l'acte dont il s'agit ne renferme, par hypothèse, aucune disposition.

Confirmer la volonté de la loi, ce n'est pas disposer ; cela est si vrai, que le texte oppose le *testament* à l'*acte portant changement de volonté*.

Autrement, il faudrait dire que le défunt n'est pas mort intestat et que ses héritiers sont des légataires.

La nécessité de faire un legs est une garantie contre l'obsession des héritiers.

J'indique seulement dans cet inventaire les arguments directs. On doit y joindre les réponses, ou du moins se rendre compte de celle qu'on pourrait faire à l'argument principal de chaque parti. La solution une fois arrêtée, on cherche une réponse à toutes les objections prévues, en les disposant à peu près de la manière suivante.

QUESTION. Le jugement d'un tribunal *étranger* doit-il être déclaré exécutoire par le tribunal *français*, sans avoir été revisé par lui ?

NON. (Argument direct.) Les juges étrangers, pas plus que les législateurs et les administrateurs étrangers, n'ont d'autorité sur les Français ni sur les agents du gouvernement français; or, si le juge français est forcé de prononcer l'*exequatur*, sur la simple vérification de la qualite de l'acte et de son origine, on attribue par cela même la jurisdiction au juge étranger qui a rendu le jugement en question.

Objections.	**Réponses.**
L'art. 2123-4° suppose que l'hypothèque « résulte du jugement étranger »; l'art. 546 du Code de procéd. suppose aussi que c'est ce jugement qui est « susceptible d'exécution »; or dans le système contraire, c'est le jugement français qui est exécutoire et produit hypothèque.	Le Code civil et le Code de procéd. s'appliqueront à la lettre toutes les fois que le juge français trouvera le jugement étranger conforme aux lois françaises, et le déclarera exécutoire (il ne peut même faire autre chose, si les conclusions des parties tendent seulement à obtenir ou écarter cette

déclaration); alors ce sera bien le jugement étranger qui emportera l'hypothèque.

La rédaction des deux Codes se justifie pareillement, dans l'hypothèse où des dispositions spéciales existent dans les lois politiques ou dans les traités.

Dans tous les cas, un défaut de rédaction ne saurait motiver une violation des principes.

Peu importe l'abrogation du Code Michaud, si le principe qu'il consacrait est fondé sur la raison et les notions élémentaires du droit des gens. V. p. 54.

L'ordonn. de 1629 (dite *Code Michaud*) consacrait, il est vrai, le principe de la révision ; mais elle n'était pas même exécutoire dans toute la France, et n'a été maintenue par aucune loi.

Les arbitres tiennent leur mandat de la convention des parties ; leur décision est acceptée d'avance, aussi l'intervention du *président* suffit-elle pour rendre leur sentence exécutoire. On exige celle du *tribunal* entier, précisément parce qu'il s'agit de reviser la décision étrangère.

L'art. 2123 assimile les jugements étrangers et les jugements *arbitraux* (l'hypothèque ne peut *pareillement...*) ; or, les jugements arbitraux ne peuvent être modifiés par le président (arg. *a contrario* de l'art. 1028 C. proc.) ; donc les jugements étrangers ne peuvent être modifiés par le tribunal français.

L'art. 7 du Code d'instr. cr. défend de poursuivre un Français dont le crime a été jugé en pays étranger ; *a fortiori*, dans les matières civiles qui sont moins graves, ne pourrait-on juger de nouveau.

L'art. 7, spécial aux *crimes*, apporte une exception à la règle qui interdit de poursuivre en France les infractions commises au dehors ; il n'est pas surprenant qu'il ait tenu compte, au profit du Français, d'un jugement antérieur ; du reste, il n'autorise point l'exécution de ce jugement.

L'intervention du tribunal garantit que l'on écartera les modes d'exécution contraires aux lois françaises, tels que la contrainte par corps. — On suppose, d'ailleurs, que l'existence du jugement est suffisamment constatée.

La concession que l'on fait relativement au mode d'exécution, par une sorte d'inconséquence, ne fait pas disparaître l'inconvénient, pour les parties, de voir leurs droits réglés par une législation non obligatoire pour elles, et peut-être entachée d'absurdité. — Il est possible de constater l'existence des jugements, alors même qu'ils proviennent de pays peu civilisés et qu'ils contiennent des décisions bizarres.

Débit.

Après avoir analysé les questions et résumé les arguments, on s'exerce à les développer de vive voix. Autant on a resserré l'expression, dans le travail écrit, autant il faut multiplier les mots et varier les phrases, dans la préparation *verbale*. La faconde de l'avocat doit succéder, s'il est possible, à la concision du dialecticien. Le procédé le plus efficace consiste à discuter chaque question avec un interlocuteur instruit qui soutient la thèse contraire. Au défaut d'une conférence réelle, on en établit une fictive avec soi-même ; on s'adresse les objections, puis on les réfute. Ces exercices solitaires sont surtout profitables, quand on prend sur soi-même de les pratiquer à voix *haute*.

Il est permis, en soutenant thèse, de s'aider du texte de la loi et d'en prendre lecture. Il est également permis de porter des *notes* et de les consulter rapidement pendant l'improvisation. L'élève qui réciterait par cœur sans intelligence, ou lirait constamment une argumentation écrite, serait mal accueilli des juges. Par bonheur, il n'est pas nécessaire d'avoir une mémoire imperturbable pour bien argumenter. Si l'on a besoin de citer une loi, un auteur ou une source quelconque, on en cherche l'indication dans ses notes. Comme il est à peu près impossible de deviner dans quel ordre se présenteront les objections de l'argumentant, ce dernier reconnaît bien vite si le candidat répond machinalement avec son manuscrit ou par un effort de mémoire. L'obligation de faire cadrer la réponse avec l'attaque, dérange aisément les artifices purement mnémoniques. Le candidat doit être en état de choisir dans le recueil de ses arguments ceux qui conviennent à la circonstance ; il doit les reproduire au besoin, et en varier la forme. Il doit aussi improviser les transitions qui établissent la corrélation de sa réplique et du syllogisme de l'adversaire. Ceux qui se sentent tout à fait inhabiles à cet exercice se feront d'avance un recueil de *formules de discussion*, pour ne pas répéter vingt fois la même. Au surplus, la règle qui permet de porter des notes est tellement constante, que l'imprimeur tire toujours, dans l'usage, un exemplaire de la thèse sur papier collé, afin que le candidat puisse y écrire les renseignements les plus difficiles à graver dans la mémoire.

Les professeurs doivent permettre au candidat de *s'asseoir;* non-seulement parce qu'il a souvent besoin de lire les textes, mais encore parce que la fatigue ou la gêne du corps augmentent la difficulté de la défense.

Il est bon de s'exercer à prendre une *tenue* convenable en parlant; d'éviter les gestes trop marqués. Le *ton* doit être ferme, sans être tranchant. On peut conserver le langage du doute poli, sans rien sacrifier de son opinion ni omettre aucun de ses arguments. On met au besoin le discours dans la bouche du personnage juridique qui est le sujet de la question; en faisant parler le vendeur ou le créancier hypothécaire, on pourra donner à son langage une allure plus décidée. On évite ainsi les cacophonies qu'amènent parfois la première et la seconde personne.

Discussion des textes romains.

Il est, à vrai dire, bien peu d'élèves capables, après trois ans d'études, de discuter sérieusement une question de droit romain. Le *Corpus juris* ne leur est pas assez familier, pour qu'ils puissent promptement en extraire les passages qu'ils ont besoin de citer ou qu'on leur oppose. Les professeurs, de leur côté, possèdent plutôt les Institutes [1] que l'ensemble du Digeste, lorsqu'ils n'ont pas la mission spéciale de l'enseigner. Aussi s'abstiennent-ils volontiers de provoquer un débat dont les éléments, presque toujours absents chez leur interlocuteur, leur échapperaient parfois à eux-mêmes, faute d'une préparation assidue. Ils substituent, à la controverse proprement dite, une discussion qui dispense de chercher une solution personnelle et permet de scruter l'élève sur l'application des principes généraux.

On sait que le Digeste est un recueil de fragments tirés d'auteurs jurisconsultes. Un petit nombre de ces fragments formulent des règles générales. La plupart traitent des questions particulières, nées le plus souvent d'espèces véritables [2], et les traitent avec une concision qu'il est permis de préférer à la prolixité stérile de plusieurs écrivains modernes. Les jurisconsultes romains se bornent

---

[1] Le candidat doit, par suite, étudier soigneusement la partie des Institutes de Justinien, qui est corrélative à sa matière. — Ducaurroy n'argumentait guère aux thèses que sur les Institutes.

[2] Les fragments extraits de recueils de *réponses* ou de *questions* rapportent évidemment des faits sur lesquels l'auteur avait été consulté. Il en est de même d'une foule de rescrits insérés dans le Code de Justinien. Ceci explique pourquoi les espèces du *Corpus juris* contiennent parfois des détails étrangers à la question, détails que le jurisconsulte aurait élagués s'il avait fabriqué l'espèce pour le besoin d'une théorie.

en général à donner la raison déterminante pour et contre. Parfois ils indiquent seulement l'une des deux. Quelques-uns donnent la solution pure et simple [1]. On conçoit que chacun de ces fragments peut devenir le thème d'une discussion plus développée, entre le professeur et l'élève. Le premier se chargera, le plus souvent, de combattre par des objections la décision du jurisconsulte romain ; l'élève gardera le rôle plus facile de la défense. Il demeure libre d'ailleurs d'embrasser la doctrine opposée ; son devoir est alors de critiquer le texte et de réfuter les raisons justificatives de son adversaire.

Les préliminaires du débat absorbent quelquefois plus de temps que le débat même.

Le candidat cherche le texte désigné, le lit, en donne la traduction ; après quoi, il expose l'espèce à sa manière, fait ressortir la question qui en résulte et rappelle la décision du jurisconsulte.

La *recherche* du texte se fait, d'ordinaire, avec le secours du professeur. Le mieux serait de pouvoir s'en passer et de prouver que l'on peut s'en passer. Pour cela, on

---

[1] Tel est Scævola, dont le seul but semble avoir été de raconter les affaires qui lui avaient été soumises, avec une simple mention de la décision qu'il avait donnée aux parties. Il détaille assez longuement les faits, pose la question et répond oui ou non, d'après les faits exposés, *secundum ea quæ proponuntur.*

feuilletera un *Corpus juris*, et l'on étudiera la distribution des matières. Dans tous les cas, on observera la division des titres en lois et des lois en *principium* [1], en paragraphes et versets. On se rendra compte des indications d'auteurs, d'empereurs et d'ouvrages qui précèdent les fragments, afin d'en tirer parti au besoin. Les constitutions impériales sont suivies d'une date bonne à connaître.

La *traduction* suppose que les souvenirs classiques du candidat ne sont pas tout à fait effacés. Il les complètera d'ailleurs par l'étude de certains termes techniques, dont se servent peu Tacite et Virgile. Telles sont les expressions *stipulatio committitur, legare ab aliquo, convenire aliquem, evincere rem ; sors ; cautio, apocha, repræsentatio ; annua, bima, trima die.*

Certains termes ne sont pas traduisibles du tout, tels que : *manus, mancipium, capitis deminutio, cessio in jure, testamenti factio, intentio, condemnatio* (dans les formules d'action), interdit *uti possidetis* ou *utrubi* et tant d'autres. Il vaut mieux se résigner à un mal inévitable et semer le discours de quelques mots latins que de créer des mots français, ou barbares ou absolu-

---

[1] Ne dites pas *proœmium*, comme on le fait quelquefois à tort. V. M. Mourlon, tome I, page 24. — Beaucoup d'élèves lisent naïvement le premier alinéa, quand le professeur les invite à expliquer le § 1.

ment inintelligibles. —Au surplus, l'exemple du professeur fait ici loi ; s'il dit « faction de testament, diminution de tête, donner à mancipe, » imitez-le sans vergogne ; et, s'il prononce « *chi*rographaire, » ne perdez pas le temps à lui dire que l'Académie prononce *ki*rographaire.

Il est bon, en traduisant, de développer certaines expressions, pour montrer que l'on a l'intelligence complète de la loi et des principes qui s'y rattachent.

Le moyen le plus sûr de s'y préparer est de rédiger d'avance une traduction des textes indiqués par le sort. On se défiera des traductions générales du Digeste par Hulot et des Pandectes de Pothier par Bréard-Neuville, ouvrages qu'une sorte de fatalité jette dans les mains des étudiants [1].

Après la traduction du fragment, le candidat pose l'*espèce*, en suivant les préceptes donnés plus haut (p. 121-24). Il précise les personnages, les choses, les sommes, les dates, s'ils ne le sont pas dans le Digeste même. Il décompose l'hypothèse du texte, si elle est complexe, comme cela se voit fré-

---

[1] Quelques exemplaires, dépecés en cahiers par les libraires du quartier Latin, alimentent, depuis longues années, les candidats qui les prennent à loyer pour préparer leur thèse.—On trouvera de nombreux exemples des contre-sens dont fourmillent ces livres dans les *Observations sur les traductions des lois romaines*, par J. Berriat-Saint-Prix, in-8° de 92 pages.

quemment. Si l'on éprouvait quelque embarras à trouver les espèces, on se servirait
du commentaire connu sous le nom de *la
Glose* et divisé en trois volumes qui contiennent :

Le Digeste nouveau, le vieux, l'infortiat.

Ce livre, depuis longtemps délaissé au
profit de Cujas et des autres grands interprètes du droit romain, indique le *casus* ou
l'hypothèse de chaque loi des Pandectes,
sans exception. On y puise aussi des éclair-
cissements utiles à ceux qui commencent,
bien que les érudits aient le droit de les
trouver souvent puérils.

L'espèce posée, on formule la *question* avec
la *décision* du jurisconsulte nommé en tête
du fragment.

Pour exposer avec quelque netteté ces
divers préliminaires, il faut se rendre indé-
pendant du texte où la question est mêlée
parfois avec l'hypothèse, ou bien sous-enten-
due derrière la réponse. Autrement, on s'expose à recommencer une traduction pure et
simple et à tout embrouiller.

Au point où nous voici arrivés, le professeur prendra la parole, d'ordinaire, pour attaquer la décision légale et faire valoir les
objections dont elle est susceptible. S'il garde
le silence, l'étudiant remplira lui-même ce
rôle, et indiquera la *raison de douter*.

Enfin, la discussion se termine ou devrait se terminer par la *raison de décider*, développée par le candidat, si mieux il n'aime combattre la doctrine romaine. Mais, dans l'usage, le professeur ne résiste guère au plaisir de reprendre le dé, pour donner la solution définitive et avertir que son argumentation est finie.

C'est un travail extrêmement utile, selon moi, que de préparer par écrit l'explication de chaque fragment du Digeste sur la matière, en articulant avec soin cinq choses : 1° l'espèce ; 2° la question ; 3° la décision du jurisconsulte ; 4° la raison de douter ; 5° la raison de décider.

Voici un exemple de la discussion d'un texte.

Le professeur demande l'explication de la loi 12, § 8, *qui potiores in pignore* (Dig. XX, 4), ainsi conçue :

« A Titio mutuatus, pactus est cum illo,
» ut ei prædium suum pignori hypothecæve
» esset : deinde mutuatus est pecuniam a
» Mævio, et pactus est cum eo, ut, si Titio
» desierit prædium teneri, ei teneatur: tertius
» deinde aliquis dat mutuam pecuniam tibi,
» ut Titio solveres, et paciscitur tecum, ut
» idem prædium ei pignori hypothecæve sit,
» et locum ejus subeat. Num hic medius ter-
» tio potior est, qui pactus est, ut, Titio so-

13.

» luta pecunia, impleatur conditio, et tertius
» de sua negligentia queri debeat ? Sed tamen
» et hic tertius creditor secundo præferendus
» est. »

Le candidat *lit* le texte et continue :

Voici le sens de ce passage [1] :

« [Un débiteur], en empruntant de Titius
une somme, est convenu avec lui que son
immeuble lui serait engagé ou hypothéqué.
Ensuite il a emprunté de Mævius une [autre]
somme ; il est aussi convenu avec lui que, si
son immeuble cessait d'être engagé à Titius,
[ce bien] serait engagé à lui [Mævius] ; un
troisième vous [2] prête ensuite de l'argent
pour payer Titius, et convient avec vous
que le même immeuble lui sera engagé ou
hypothéqué, et qu'il prendra la place du
même [Titius]. Est-ce que le [préteur] intermédiaire [Mævius] n'est pas préférable au
troisième, [lui] qui est convenu que le payement de la somme due à Titius accomplirait
la condition [d'où dépend son hypothèque] ?
Et le troisième ne doit-il pas s'en prendre à
sa propre négligence ? [Je crois] pourtant

---

[1] Je place entre crochets les mots qui ne sont pas
exprimés dans le texte latin.

[2] *Vous* désigne ici le débiteur dont parlent les
premiers mots. Ces changements de personne sont
assez fréquents. Celui-ci pourrait tenir à une faute
de copiste ; on a lu *est* pour *es*.

[que] ce troisième créancier doit aussi être préféré au second. »

L'espèce prévue par Marcien est celle-ci :

Un débiteur emprunte le 1er janvier (ou, si l'on veut, aux calendes de janvier) mille sesterces de Primus, et lui donne hypothèque sur le fonds cornélien. Le 1er février, il emprunte de Secundus mille sesterces et lui donne hypothèque sur le même bien [1]. Le 1er mars, il emprunte de Tertius mille sesterces pour payer Primus, et lui donne hypothèque sur le fonds cornélien, avec clause que lui, Tertius, prendra la place de Primus.

La *question* est de savoir si Tertius doit être préféré à Secundus sur le fonds hypothéqué.

Marcien *décide* que oui.

La *raison de douter* se tire des principes généraux du payement. Le créancier de premier ordre, Primus, a été satisfait, par hypothèse (... *Titio soluta pecunia...*); sa créance est donc éteinte, et, avec elle, l'hypothèque qui en est l'accessoire, et qui ne saurait subsister sans un droit principal. Le créancier du premier rang disparu, celui du

[1] Il est inutile de supposer une clause spéciale qui subordonne cette seconde hypothèque à la satisfaction du premier créancier. Les principes suffisent pour amener ce résultat.

second rang se trouve désormais le premier. L'hypothèque de Secundus est d'ailleurs plus ancienne que celle de Tertius ; donc elle est préférable : *Prior tempore, potior jure.* Si Tertius se trouve le dernier, il doit s'en prendre à son imprudence. Pourquoi s'est-il contenté de recevoir en gage un bien qu'il ˙savait déjà hypothéqué à d'autres, peut-être au delà de sa valeur ?

La *raison de décider* comme Marcien se tire de la convention qui, par hypothèse, précède le payement (... *paciscitur... ut locum ejus subeat...*). Si Tertius avait fait un payement pur et simple, l'hypothèque serait éteinte ; mais il a eu la précaution de se faire donner le droit de Primus. Cette transmission ne souffre aucune difficulté, quand Primus y consent ; on est dans le même cas que s'il vendait sa créance, cas auquel il doit céder son hypothèque à l'acheteur (loi 6, Dig., *De her. vel actione vendita*). La chose se comprend moins aisément quand Primus n'a point consenti ; or, le silence du texte autorise à faire cette supposition. Mais on peut dire que le débiteur, resté propriétaire du bien hypothéqué, a conservé le droit de disposer du démembrement au profit d'une autre personne, pourvu que le créancier soit désintéressé et que le démembrement ne soit pas encore réuni à la nue-propriété. Le créancier de

second rang n'en souffre pas, à vrai dire; il
a dû s'attendre à être primé pour une somme
égale à celle qui était due au créancier antérieur. — Observez que le même raisonnement ne peut plus se faire quand le débiteur
a aliéné le bien hypothéqué; aussi la loi 2,
Dig., *De pigneratitia actione*, déclare-t-elle
la convention nulle en ce cas. En droit français, la doctrine contraire est fort soutenable. Pothier (*Orléans*, XX, n° 80) l'admet-
tait, d'après une déclaration de Henri IV.
L'art. 1250-2° du Code civil paraît décider
que le débiteur peut faire passer à un bail-
leur de fonds tous les accessoires de la
créance, sans distinguer entre les droits qui
s'exercent contre lui-même et ceux qui
s'exercent contre des tiers tels que des co-
obligés ou des tiers détenteurs de biens hypothéqués. Le législateur était libre de le
décider ainsi, pour favoriser la circulation
des capitaux et encourager les tiers à payer,
dans l'intérêt du commerce.

En expliquant les textes du Digeste, le
candidat ne négligera pas ce que j'appellerai
la « couleur locale. » Il donnera, autant que
possible, une physionomie romaine à ses
idées et à ses expressions. Il choisira des
exemples analogues à ceux du *Corpus juris;*
il comptera par sesterces et par calendes; il
supposera la somme payable à Éphèse ou à

Carthage; il parlera de l'esclave Stichus ou de l'esclave Arethusa, du fonds Sempronien, du cheval Bucéphale; il reproduira en latin les termes essentiels de la stipulation, de la formule dont il s'agit; tous les mots sacramentels et tous ceux dont il y a quelque induction à tirer. Il évitera surtout les *anachronismes* de doctrine, qui consistent à sous-entendre, par une sorte de rétroactivité involontaire, des principes modernes dans une législation morte depuis longtemps. Il se gardera, par exemple, de supposer la publicité des hypothèques, la transmission de la propriété par le seul effet de la volonté, la nécessité de signifier le transport des créances et de célébrer les mariages ou contrats de mariage par-devant des officiers publics, la faculté pour les créanciers de poursuivre les débiteurs ou légataires particuliers de leur débiteur direct. Il ne parlera pas de mort civile, de tutelle officieuse, de séparation de corps, d'interdiction pour cause de démence, et d'autres institutions modernes.

Pour les élèves comme pour les auteurs, il y a *deux* méthodes : l'analyse et la synthèse, le commentaire et le traité. Ils feront sagement de les combiner toutes deux. Ils rédigeront, suivant l'ordre du texte, l'explication détaillée dont j'ai donné tout à l'heure le *specimen*. Ils composeront, suivant l'ordre qui leur semblera le plus rationnel, un résumé des principes généraux de la matière. Pothier les secondera dans ce double travail. Ils extrairont le *commentaire*, non-seulement des notes du célèbre jurisconsulte d'Orléans, mais encore des explications qu'il a intercalées entre les textes originaux. On remarquera minutieusement la place où Pothier colloque le fragment qu'on étudie, et surtout les transitions, même monosyllabiques, par lesquelles il montre la connexité du fragment avec des règles plus générales. Cette recommandation acquiert une importance particulière à l'égard des fragments que Pothier a rejetés dans des titres différents ; on en dressera une liste à part, d'après la table de ses Pandectes et l'on s'assurera qu'aucun n'est oublié[1]. — Les plus studieux feront suivre la lecture de Pothier de celle de Cujas et de Doneau. Cujas a commenté toutes les lois tirées de Papinien et d'Africain, c'est-à-dire les plus difficiles, et un grand nombre de lois tirées de Paul, Julien, Modestin, etc. Il les a rétablies dans l'ordre des ouvrages originaux. Si un texte est précédé des mots

---

[1] J'ai vu des élèves refusés pour avoir négligé cette précaution à l'égard de certains passages difficiles. Pris au dépourvu, ils alléguaient la transposition pratiquée par Pothier ; mais cette justification naïve n'était pas écoutée.

« Papinianus, libro 10 responsorum, » on prendra le volume de Cujas où se trouvent les œuvres de Papinien ; on cherchera les *réponses* et l'on s'arrêtera au livre X [1]. — Doneau a suivi la méthode dogmatique ; on devra fouiller dans la table générale des matières.

Pour le *résumé des principes*, on s'aidera des rubriques de Pothier et des règles qui les suivent. Les divisions de cet auteur, dont l'esprit était si net, sont presque toujours satisfaisantes. — Ce résumé, très-secourable pour l'examen approfondi des questions controversées, sera le point de départ de la dissertation imprimée. Il va sans dire qu'en composant cette sorte de thème latin, on préférera toujours les expressions d'Ulpien à celles du jurisconsulte français.

Dernières précautions.

La presse est libre sans doute pour l'étudiant comme pour tout autre ; mais, pour que la dissertation puisse servir d'introduction à l'épreuve d'où sortira le diplôme, le *manuscrit* doit, selon les usages universitaires, être revêtu des signatures du président et du doyen. Si cette formalité n'est pas vaine, elle suppose que le président lit

---

[1] Ce procédé assez simple dispense en général de recourir au *Promptuarium Jacobi Cujacii.*

la thèse et exerce un certain contrôle (V. p. 77, s.). Il est évidemment permis de lui demander des conseils succincts.

L'élève, en écrivant, songera qu'il travaille pour l'impression ; il surveillera la distribution de ses chapitres et de ses alinéas, et préviendra le défaut d'harmonie typographique entre les intitulés. La correction des épreuves, travail nouveau pour lui, attirera son attention ; surtout pour la partie latine, où les typographes ne manquent guère de substituer *conditio* à *condictio* et *acceptatio* à *acceptilatio*.

Un exemplaire à grandes marges, sur papier collé, est utile, au jour de l'épreuve, si les *notes* y sont distribuées avec discernement. Des marges noircies de prolixes observations en caractères microscopiques sont assurément un secours illusoire, même pour des yeux excellents et un esprit exempt de trouble. On ne doit annoter que les passages où gît quelque difficulté. Des chiffres lisibles indiquant la source des propositions et le passage du Code ou du Digeste qui les confirme ; quelques mots rappelant une idée saillante : voilà tout ce qu'exige le corps de la dissertation. Les controverses finales veulent plus de détails. Un signe particulier annoncera, en face de chacune d'elles, la réponse aux objections principales que l'on a prévues (V. p. 97 et 138), puis les arguments directs à l'aide desquels le candidat prendra l'offensive.

Même rédigées avec adresse, les notes servent peu. Il est rare qu'on ait la liberté d'esprit nécessaire pour en tirer un parti convenable, comme l'avocat exercé qui, sans interrompre le cours de son improvisation, jette négligemment un regard distrait sur son manuscrit, et y ressaisit, à l'insu de l'auditoire, le fil conducteur de ses idées. Malgré cela, il faut porter des notes, à cause de leur influence morale. On dirait que la mémoire fuit celui qui craint de la perdre et se préoccupe de cette crainte. La certitude d'avoir sous sa main la date, le numéro, le renseignement quelconque dont on aura besoin, tranquillise l'esprit et dispense, en définitive, d'y recourir.

Les règles de la procédure universitaire prescrivent de se présenter environ une huitaine d'avance au secrétaire de l'École de droit pour obtenir l'indication du *jour* de la thèse. Ce délai devient un écueil pour les candidats. La plupart, dans leur impatience, s'imaginent que l'intervalle entre la prise de jour et l'épreuve suffira pour l'étude des questions controversées. Cette illusion cause plus d'un échec. Il faut être prêt à argumenter quand on demande jour. Le délai variable qui suit suffit à peine pour s'assurer rapidement qu'on est en état d'expliquer tous les textes romains et de défendre toutes les propositions controversables, *in utroque jure.* La révision se fait à voix haute. Si les mots n'arrivent pas aisément, on remet l'endroit faible sur le métier.

CONSEILS SPÉCIAUX

AUX DIFFÉRENTES MATIÈRES DE THÈSE.

Le programme des sujets de thèse dépend des Facultés de droit ; il est essentiellement variable. Celui de la Faculté de Paris a déjà subi maints remaniements, sans avoir atteint le degré de perfection dont il est susceptible. Plutôt que de le suivre servilement, j'ai préféré rattacher mes observations aux divers sujets traités par les Codes français, dans l'ordre des articles. A la suite de chaque matière, je placerai les titres correspondants des compilations de Justinien.

Pour éviter des répétitions fastidieuses, j'indiquerai, une fois pour toutes, les livres[1] qui embrassent l'ensemble d'un Code.

[1] Le défaut de livres est une excuse banale pour bien des étudiants ; elle est presque ridicule à Paris où abondent les bibliothèques publiques et les cabinets littéraires. Je révèle ici à plus d'un lecteur l'existence de la bibliothèque spéciale de l'École de droit.

CODE CIVIL.

Traités dogmatiques.

Delvincourt, Cours de Code civil, 3 vol. in-4°, 3ᵉ édition pour les notes, 1824.

C'est encore, malgré ses défauts, le meilleur livre didactique publié sur le Code. Des critiques y ont cherché ce qui n'y devait pas être, et l'ont accusé de sécheresse. (V. M. Laferrière, Hist. du Dr. franç.)

M. Duranton, Cours de Droit franç. suiv. le Code civil, 22 vol. in-8°, 4ᵉ édit., 1844.

Zachariæ, Cours de Droit civil, traduit de l'allemand par MM. *Aubry* et *Rau*, 5 vol. in-8°, 1840, s. [1].

Autres auteurs : *Grün, Morelot, Pigeau, Taulier* (v. p. 40, 42), etc.

[Ouvrages non terminés.]

Toullier, Le Droit civil français, suivant l'ordre du Code, 14 vol. in-8°, 6ᵉ édit., annotée par *M. Duvergier*.

Toullier s'est arrêté à la fin du contrat de mariage.

---

[1] *MM. G. Massé* et *Ch. Vergé* ont refondu cet ouvrage suivant l'ordre du Code civil, dont Zachariæ s'écartait, plus que tout autre auteur, dans son plan primitif.

Au point de vue du style, c'est le premier des interprètes du Code civil. Mais d'assez nombreuses erreurs de principes ne permettent pas de lui décerner avec M. Dupin aîné le titre de Pothier moderne. V. p. 62, 52.

M. Duvergier a entrepris la continuation de Toullier; il est parvenu au titre du Dépôt. V. aussi *M. Troplong,* ci-après, p. 164.

Proudhon, Cours de Droit français, 2 vol. in-8°, 3° édit., annotée par *M. Valette,* 1842.

Proudhon s'est arrêté à la fin du Ier livre. Il a traité à part, et bien plus longuement, de l'usufruit.

M. Demolombe, Cours de Code civil, 10 vol. in-8°.

Cet ouvrage est celui dans lequel le premier livre du Code est traité avec le plus de développements.

On ne peut se défendre de quelque effroi quand on mesure l'étendue de certains travaux, tels que le Traité des obligations, par Toullier, le Traité de l'usufruit, par Proudhon, plusieurs des Commentaires de M. Troplong et surtout les Dissertations dans lesquelles M. Bénech a noyé diverses questions spéciales. Heureusement on peut être fort jurisconsulte sans lire tout ce que l'on a écrit sur la science du droit. V. p. 84, 85.

Autres auteurs. *J. Berriat-S.-Prix* (Cours de législ., 1er livre du Code), *Delsol, Hennequin* (2° livre), *Richelot.*

Commentaires.

Maleville (l'un des rédacteurs du Code), Analyse raisonnée de la discussion du Code civil, 4 vol. in-8°. — Tout le mérite de cet ouvrage gît dans quelques observations de détail et dans la probabilité qu'engendre le rôle joué par l'auteur.

M. Rogron, Code civil expliqué, 2 vol. in-18, 15ᵉ édit., 1854. Ce livre a eu presque autant de succès que le Solitaire de M. d'Arlincourt. Beaucoup d'articles y sont *inexpliqués.*

M. Demante, Programme d'un cours de droit civil, 3 vol. in-8°, 3ᵉ édit., 1840. V. p. 114 à 117.

F. B. S. A l'égard de mes *Notes sur le Code civil,* 3 vol. in-8° de 2,000 pages, j'ai dit le but particulier que je me suis proposé (p. 134); bon ou mauvais, c'est un ouvrage *sui generis.* Je me suis attaché à ne laisser aucun texte sans explication, aucun terme juridique sans définition. V. p. 168, note 1.

Autres auteurs. *Boileux, Bousquet, Delaporte, Gousset* (Théolog.), *Sautayra,* etc.

[Ouvrages non terminés.]

M. Troplong, Le Droit civil expliqué suiv. l'ordre du Code, 19 vol. in-8°.

M. Troplong a pris pour point de départ la fin du livre de Toullier (art. 1582 à 2281).

Depuis, il a publié le Contrat de mariage, 4 vol. in-8°. — Le style de M. Troplong, plus brillant que celui de Toulliér, est aussi moins élégant et moins pur de néologisme. Les erreurs de principes qu'on trouve dans ses livres le placent également au-dessous de sa réputation. (V. p. 60.)

Marcadé, Explication du Code civil; 6 vol. in-8°, 5° édit., 1852.

Marcadé est parvenu à la fin du louage. Il donne une idée assez exacte de la jurisprudence et de la doctrine; mais il est trop enclin à proclamer l'erreur de ses devanciers.

Je ne puis m'empêcher, à ce sujet, de prémunir les jeunes gens contre le penchant qui les porte trop facilement à croire qu'ils ont trouvé la vérité. Vous avez à choisir entre l'opinion de Delvincourt et celle de Toullier; gardez-vous bien, si vous adoptez l'avis de Toullier, de crier : *Erreur de Delvincourt!* ou, si vous embrassez l'opinion de Delvincourt, de dire non moins haut : *Erreur de Toullier!* — Quand même il n'y aurait pas de système intermédiaire possible, le plus sûr est de se défier de son propre jugement. Le doute est permis, lorsque de bons esprits ont trouvé de bonnes raisons pour et contre.

Marcadé, mort en 1854, a légué à M. P. Pont le soin d'achever son livre. (V. p. 45, 61 à 69, 111.)

M. Demante; Cours analytique de Code civil, 2 vol. in-8° (les 2 1ers livres). (V. p. 67, 114, 164.)

M. Coin-Delisle; Commentaire analytique du Code civil, 4 vol. in-4°, 1835-1843.

L'auteur n'a publié que quatre titres détachés.

Autres auteurs. — *Boulage, Cotelle, Du-caurroy-Bonnier-Roustain, Hureaux,* etc.

Recueils de questions.

MERLIN, *Coulon, Delisle (G.), Duport-Lavillette, Mazerat.*

Dictionnaires [1].

MERLIN, *Bousquet, Chabrol-Chaméane, Crivelli, Dalloz, Daubenton* (C. civ.), *Delbreil, Favard, Sebire-Carteret* (non terminé), Répert. du journal du palais, etc.

Journaux [1].

Thémis, Revue *Wolowski,* Revue *Fœlix,* Revue *Marcadé,* etc.

Ouvrages par demandes et par réponses.

Bouet, N. Carré, Mourlon (questions marginales).

Notes indiquant la jurisprudence.

Gilbert, Teulet-Dauvilliers-Sulpicy.

---

[1] Ces ouvrages embrassent le droit tout entier; mais le droit civil proprement dit y domine toujours.

Compilation de notes doctrinales.

Lahaye-Waldeck=Rousseau-Giraudias.

Tableaux synoptiques.

Brossard, Robert Saint-Ange.

Législation comparée.

Anthoine Saint-Joseph, Lubliner.

Travaux préparatoires et sources
(V. p. 136).

Crussaire, Dard, Dufour, Duvergier, Favard, Fenet, Jouanneau, Solon, Tripier (édition des Codes).

MATIÈRES DE THÈSES.

Promulgation (C. civil, 1).

Textes corrélatifs. Lois 14 frim. an II; 12 vendém. IV; arrêté 25 therm. XI; ordonn. 27 nov. 1816, et 18 janv. 1817; constit. de 1852, 10. (V. const. de 1848, 56 à 59.)

Auteurs spéciaux. J. Berriat Saint-Prix, (Rech. sur la publicat.; prélimin. du Droit.)

Il faut essayer de se faire une idée exacte de la nature de la promulgation, sujet sur lequel les auteurs sont loin d'être d'accord. (V. mon *Dr. constit.* nos 1032, s.)

Questions. V. mes *Notes sur le Code civil*[1], n°s 47, 33 A[2].

Effet rétroactif (C. civ., 2).

Textes corrélatifs. C. civil, 691, 2098, 2135 *in f.*, 2281; — C. pénal, 4.

Sources. V. Décl. des droits de 1791, 8; de 1793, 14; de l'an III, 14; Constit. des Etats-Unis, III, sect. 9.

Auteurs spéciaux. J. B. S.-P. (Prélimin. du dr.), H. Blondeau (Thémis; Essais de législ.), Merlin (Répert., mot *Effet rétr.*), Mailher de Chassat.

Il est difficile d'assigner des limites certaines au principe de la non-rétroactivité. H. Blondeau est peut-être approché plus que personne de la solution.

Questions. V. mes *Notes*, n° 62 A[2] 1° à 5°; *Dr. const.*, n° 739.

Statuts réels et personnels (C. civ., 3).

Textes corrélatifs. Code instr. crim., 5 à 7.

Sources. Boulenois (Traité de la personnalité et de la réalité des lois); Pothier (Orléans, n°s 1 à 25); Prévost de la Jannès (3e discours en tête de ses Principes de jurisprud.); Frolland (Mém. sur les statuts).

---

[1] La lettre A indique des additions placées aux pages 481 et suiv.; la lettre A[2] des additions placées aux pages 497 et suiv.

Auteurs spéciaux. J. B. S. (Prélim. du dr.), Mangin (De l'action publique, n°s 69, suiv.), Delisle, Fœlix, Mailher de Chassat.

Étudiez surtout les statuts qui offrent, à la fois, les caractères de la personnalité et ceux de la réalité. Cherchez à combiner cette division avec la distinction du droit civil et du droit des gens.

Questions. V. mes *Notes,* n°s 74;— 71 A; — 71 A², 1° à 3°, 3603 A².

Jouissance des droits civils (C. civ., 7 à 21).

Textes corrélatifs. Constitut. 22 frim. an VIII, 1 à 5 ; lois 22 mars et 3 déc. 1849, 7 févr. 1851; 17 avril 1832, 14 à 18. — C. pr. 166, 167, 905.

Sources. Pothier (Orléans, 26, s.), Bacquet (Droit d'aubaine).

Auteurs spéciaux. Alauzet, Coin-Delisle, Demangeat, Gaschon, Guichard, Legat, Sapey, Soloman.

Quelles sont les conditions requises pour que la naissance confère la qualité de Français? Quels sont, en principe général, les droits dont jouit l'étranger? Telles sont les deux difficultés fondamentales de la matière. (V. p. 68.)

Questions. V. mes *Notes,* n°s 113, 118, 124, 133, 180; — 98 A, 103 A; — 119 A², 124, 147, 153, 154, 169, 170 A².

Matières corrélatives de droit romain. De

statù hominùm, Dig., I, 5; Gaïus, Instit., 28 à 96; Ulp., Reg. III.

Dressez une liste des diverses catégories de *latini* et de *peregrini*, et observez leur fusion progressive. (V., dans les Pandectes de Pothier, le titre 15 du livre 50.)

Privation judiciaire des droits civils
(C. civ., 22 à 33).

Textes corrélatifs. C. pén., 28 à 35, 42, 335. — Lois 8 juin 1850, 3 juill. 1852, 31 mai 1854.

Sources. Pothier, (Orléans, etc.); Richer (Mort civile). — Ordonn. de Moulins de 1560; de 1670, XVII; Dig., IV, 5, De Capite minutis, etc.

Auteurs spéciaux. (V. p. 169) Desquiron, Hanin. — V. les textes des lois nouvelles dans la collection de M. Duvergier.

On essayera d'énumérer les diverses catégories d'incapables créées par les lois pénales; de déterminer l'étendue et le point de départ de leur incapacité, autant que le permet l'insuffisance des lois nouvelles[1]. On comparera le système en vigueur avec celui de la mort civile.

Questions. V. mes *Notes*, nᵒˢ 261, 272; — 198 A², 249 A².

---

[1] V. mon *Analyse du Code pénal* et mon supplément au *Cours de droit criminel* de mon père.

Matières corrél. de dr. romain, De captivis, Dig., XLIX, 15 ; De sententiam passis ;
De interdictis et relegatis ; De bonis damnatorum, D. XLVIII, 20, 22, 23 ; Cod., IX,
51. — De capite minutis, D, IV, 5. Instit.,
I, 16.

Méditez la théorie de la *Capitis deminutio.*

Preuve de l'état civil

(C. civ., 34 à 101, 165 à 171).

Textes corrélatifs. Loi 3 mars 1822, 1 et
19 ; ordonn. 23 oct. 1833 ; décr. 24 déc.
1850, 45 ; loi 10 juill. 1850. — C. civ., 194
à 200 ; 319 à 325 ; 384.

Sources. Ordonn. 1667, xx ; déclar. 2
juill. 1716, 22 nov. 1728 et 9 avril 1736 ;
loi 20 sept. 1792. Rodier (Quest. sur l'ord.
de 1667).

Auteurs spéciaux. Adam, J. B. S. - P.
(Recherch. hist.), Cival, Claparède, Coin-
Delisle, Garnier - Dubourgneuf, Hutteau
d'Origny, Lemolt et Biret, Loir, Majorel et
Coffinières, Rieff, Sermet.

Négligez les détails de forme pour approfondir l'effet probatoire des actes. Étudiez
d'abord les principes généraux des preuves
et surtout de la preuve littérale.

Questions. V. mes *Notes,* n°s 347, 353,
354, 361, 399, 416, 456, 468, 488, 1147.

Mat. analogues de dr. romain. De probationibus ; De fide instrumentorum ; De testibus ; Dig., XXII, 3 à 5 ; Cod. IV, 19 à 21.

Étudiez les §§ 2 De actionibus et De except., aux Instit.

Domicile (C. civ., 74, 102 à 111).

Textes corrélatifs. C. civ., 13 à 15, 165 à 168, 1247, 2148.—Décr. 2 févr. 1852, 13.

Sources. Pothier (Orléans, Introd.), Dig., Ad municipalem ; Cod., De incolis.

Auteurs spéciaux. Desquiron. (*V.* J. B. S., Cours de proc., p. 232, s.)

La notion du domicile est difficile à préciser. Cherchez-en l'intérêt pratique et essayez de cataloguer les applications.

Questions. V. mes *Notes*, nos 523, 547, 564 ; — 523 A, 806 A.

Mat. corrél. de dr. rom. Ad municipalem, Dig., L., 1.

Faites des recherches historiques sur les *Municipia*, les *Coloniæ* et le *Jus italicum.* (V. Pothier, Pandect., lib. I, tit. 5, et lib. L, tit. 15.)

Mat. analogues. De in jus vocando, qui satisdare, si quis cautionibus, Dig., II, 4, 8 et 11 ; C., II, 2. — De judiciis, Dig., V, 1 ; Cod., III, 1.

Étudiez avec soin la *Litis contestatio* et la novation imparfaite qui en résulte; ainsi que la *Deductio in judicium*.

Absence (C. civ., 112 à 143).

Textes corrélatifs. C. civ., 2126, C. proc., 859-860.

Sources. Pothier (Orl., XVII, 7, 37, etc. Successions, *passim*).

Auteurs spéciaux. Biret, Desquiron, Duchesne, de Moly, Nyer, Plasman, Sermet, Talandier.

Déterminez les effets des divers envois en possession. Revoyez le titre du Contrat de mariage pour le combiner avec l'art. 124. V. p. 64.

Questions. V. mes *Notes*, n°s 578, 589, 616, 620, 629, 636, 680, 685, 700, 721; — 596 A^2, 636, 657, 685, 689, 709, 726 A^2.

Mat. analogues de dr. rom. De captivis et postliminio reversis, Dig., XLIX, 15; Cod., VIII, 51. — Ex quibus causis majores in integrum restituuntur, D., IV, 6; C., II, 54.

V. Instit., § 5, De actionibus.

Mariage.

1° Validité ou nullité du mariage (C. civ., 144 à 202).

Textes corrélatifs. Avis du Conseil d'état 20 prair. an XI, 27 messidor an XIII, 19 mars 1808.

Sources. Pothier (Contrat de mariage).
Loi 20 sept. 1792.

Auteurs spéciaux. Allemand, Bernardi,
Biret, Duchesne, Fœlix, Golbéri, Nougarède,
Pezzani, Picot, Vazeille.

La matière des nullités est très-difficile.
Revoyez d'abord les règles sur la validité et
la rescision des contrats; C. civ., 1108 à
1117, 1304, 1338. .

Questions. V. mes *Notes*, n°s 361, 456,
761, 777, 798, 801, 809, 812, 833, 842,
867, 879, 882, 887, 896, 903, 924, 925,
934, 1071, 1241; — 795 A^2, 806 A^2, 818,
821, 852, 867, 868, 878, 951 A^2.

Mat. corrél. de dr. rom. De ritu nuptia-
rum, Dig., XXIII, 2; De nuptiis, Cod., V,
4; De incestis et inutilibus nuptiis, *ib.*, 5. —
V. Inst., De justis nupt.; Gaïus, Inst., 108
à 123.

Mat. analog. De sponsalibus, Dig., XXIII,
1; Cod., V, 1; De concubinis, D., XXV, 7;
C., V, 26.

2° Effets du mariage : aliments, puissance maritale
(C. civ., 203 à 226).

Textes corrélatifs. C. civ., 349, 1124,
1304, 1448, s., 2253, s. — C. pr., 861, s.
— C. co., 4.

Sources. Pothier (Contr. de mar.; Puissance du mari). — Coutumes de Paris, d'Orléans, etc.

Auteurs spéciaux. V. p. 174, Chardon, Daubenton.

Étudiez la nature intermittente de l'obligation alimentaire, et le fondement de la puissance maritale.

Questions. V. mes *Notes,* n°ˢ 982, 983, 1004, 1023, 1029, 1035, 1040, 1046; — 986 A², 1046, 1064, 4968 A².

Mat. corrél. de dr. rom. De agnoscendis vel alendis liberis, Dig., XXV, 3; Cod., V, 25; Gaïus, I, 108 à 115; Inst., § 13, De action.

3° Dissolution du mariage, séparation de corps
(C. civ., 227 à 314).

Textes corrélatifs. Lois 8 mai 1816, 6 déc. 1850, 31 mai 1854. C. civ., 1448; C. pr., 875.

Sources. Pothier (Contr. de mariage, n° 462, s.; 506, s.). — Lois 20 sept. 1792, 1ᵉʳ complémentaire an V.

Auteurs spéciaux. Massol. — J. B. S.-P. (Recherch. hist. sur le divorce).

Examinez quels articles du divorce sont applicables à la séparation de corps.

Questions. V. mes *Notes,* n°ˢ 1023, 1058, 1061, 1071; — 1064 A², 1095, 1099 A².

Mat. corrél. de dr. rom. De divortiis et repudiis, Dig., XXIV, 2; Divortio facto, apud quem liberi, Cod., V, 24.

Filiation (C. civ., 312 à 342).

Textes corrélatifs. C. civ., 45 à 48, 57,

62, 194 à 200; 762, s.; 1315 à 1369. — Loi 6 déc. 1850.

Sources. Droit romain, *passim.* Pothier (Contr. de mar. et success., *passim*). V. loi 12 brum. an II, 8.

Auteurs spéciaux. Bedel, Cadrès, Delamalle, Garrez, Kœnigswarter, Loiseau, Richefort, Roland.

Revoyez avant tout la théorie des présomptions et des preuves, dont cette matière fournit l'application; rapprochez-en les règles sur la preuve du mariage; rendez-vous compte des diverses hypothèses sur lesquelles statue le titre VII.

Questions. V. mes *Notes*, n°s 416, 1126, 1130, 1147, 1165, 1187, 1207, 1221; — 951 A^2, 1178, 1207, 1220, 1221, 1222 A^2.

Mat. corrél. de dr. rom. De agnoscendis liberis; De inspiciendo ventre; Si ventris nomine; Si mulier ventris nomine; Dig., XXV, 3 à 6. — De naturalibus liberis, Cod., V, 27. — Gaïus, I, 64-96.

V. Instit., § 12, De justis nuptiis; § 13, De actionibus.

Adoption (C. civ., 343 à 370).

Textes corrélatifs. C. civ., 161 à 164, 747.

Sources. Droit romain, *passim.* V. loi 18 févr. 1792. Coutume de Saintonge, 1.

Auteurs spéciaux. Bénech, Challau, Garrez, Grenier, Moureau. — J. B. S.-P. (Recherch. hist. sur l'adopt.).

Les droits successifs qu'engendre l'adoption, les voies pour faire réformer l'arrêt qui la confirme, l'adoption des enfants naturels, sont les points les plus intéressants.

Questions. V. mes *Notes*, n°s 1241, 1255, 1300; — 1237 A, 1282 A; — 1233 A^2, 1255, 1478, 3479 A^2.

Mat. corrél. de dr. rom. De adoptionibus; Dig., I, 7; Cod., VIII, 48; Gaïus, I, 97 à 107; Instit., I, 11; III, 10.

La transmission du patrimoine de l'adrogé à l'adrogeant donne lieu à bien des questions curieuses. Il y a, dans le Digeste, beaucoup de fragments disséminés sur les impubères adrogés.

Puissance paternelle (C. civ., 371 à 387).

Textes corrélatifs. C. civ. 389, 468, 601; — C. pén. 335. Loi 31 mars 1832, 32.

Sources. Pothier (des personnes, garde noble et bourgeoise, etc.). — Droit romain, coutumes de Paris, 266 à 268, etc.

Auteurs spéciaux. Chardon, Chrestien de Poly, Daubenton, Nougarède, Vazcille.

Comparez la puissance paternelle des Romains avec la nôtre. L'usufruit légal offre plusieurs belles questions. Revoyez d'abord les principes généraux de l'usufruit.

Questions. V. mes *Notes*, n°s 1335, 1338, 1343, 1349, 1356, 1363, 1367; — 726 A^2, 1351, 1369 A^2.

Textes corrélat. de dr. rom. De patria potestate, Cod. VIII, 47; Instit. I, 9; de his qui alieni juris, Dig. I, 6; Gaïus, I, 49, 55, 124 à 137. De bonis quæ liberis, Cod. VI, 60; per quas personas adquiritur, Cod. IV, 27; Instit. II, 9; III, 28. De obsequiis parentibus et patronis, Dig. XXXVII, 15; Cod. VI, 6, Ulp. XIX, 18 à 21.

Dressez le tableau chronologique des acquisitions successivement réservées aux fils de famille.

Minorité.

1° Organisation de la tutelle (C. civ., 388 à 449).

Textes corrélatifs. C. civ. 141 - 143, 159, 361, s., 1055, s. — C. pr. 882 à 889.

Sources. Pothier, droit rom. et coutumes, *passim.* Loi 20 sept. 1792.

Auteurs spéciaux. Desquiron, Delahaye, Fréminville, Magnin, Marchand.—(Conseils de fam.) Bousquet, Jay.

Matière pleine de petits détails; tâchez de vous faire quelques vues d'ensemble. La tutelle des père et mère est le point le plus intéressant.

Questions. V. mes *Notes*, n°s 1391, 1408, 1412, 1420, 1422, 1445;—1441 A, 1530 A; —1393 A^2, 1441, 1478, 1545, 1715, 5763 A^2.

Mat. corrél. de dr. rom. De tutelis, de testamentaria tutela, de confirmando tutore, de legitimis tutoribus, de tutoribus datis, qui petant tutores, de suspectis tutoribus, de excusationibus, Dig. XXVI, 1 à 6, 10 et XXVII, 1 ; Cod. V, 28 à 36, 43, 62 à 69. — *V.* Instit. I, 13 à 26 ; Gaïus, I, 142 à 200.

2º Pouvoirs du tuteur (C. civ., 450 à 468).

Textes corrélatifs. C. civ. 817, 935, 1304, s. 1596, 1718 ; — C. pr. 953 à 965. — Loi 24 mars 1806 ; décr. 25 sept. 1813.

Sources. Pothier, coutumes et droit rom. *passim.* Réglem. du Parl. de Rouen, 1673.

Auteurs spéciaux. V. p. 178. Chardon.

Comparez le mode d'intervention du tuteur en droit romain et en droit français. Cataloguez les divers actes juridiques, dans leurs rapports avec l'autorité tutélaire.

Questions. V. mes *Notes,* nᵒˢ 1585, 1631, 2980, 4974 ; — 1572 A^2, 1573, 1574, 1575, 1576, 1581, 1621 A^2.

Mat. corrél. de dr. rom. De auctoritate tutorum, de administratione et periculo tutorum ; quando ex facto, Dig. XXVI, 7 à 9 ; de rebus eorum... non alienandis, ubi pupillus educari, D. XXVII, 2 et 9. — Cod. V, 38 à 40, 49, 59, 71 à 74. — *V.* Instit. I, 21, II, 8.

3º Responsabilité du tuteur (C. civ., 469 à 475).

Textes corrélatifs. C. civ. 1993, 2121. — C. pr. 126, 132, 527 à 542.

Sources. V. p. 178 ; Poth. (Orléans, IX) ; Ordonn. 1667, XXIX ; règlem. du parlem. de Rouen de 1673.

Revoyez les principes du mandat, de la gestion d'affaires et de la prescription. Creusez l'expression « rendre compte. »

Questions. V. mes *Notes,* n° 1661 ; — 1661 A². — J. B. S. P. Cours de proc., p. 559, s.

Mat. corrél. de dr. rom. De tutelæ [actione] et rationibus ; de contraria tutelæ, de eo qui pro tutore, quod falso tutore, de fidejussoribus tutorum, de magistratibus conveniendis, Dig. XXVII, 3 à 8. Arbitrium tutelæ, Cod. V, 51 ; *ib.* 45, 57, 58, 75. — *V.* Instit. I, 20 § 7, 22 et 24.

Les constitutions du titre « arbitrium tutelæ » se trouvent dans Pothier, au titre « de tut. et rationib., » n°ˢ 25, 29, 31, 35, 37.

4° Émancipation (C. civ., 476 à 487).

Textes corrélatifs. C. civ. 935, 1304, s., 1990. — C. com. 2, 3, 6.

Sources. V. p. 178. Orl., 181, 182 ; Berry, 3.

Cataloguez les actes juridiques dans leurs rapports avec la demi-capacité dont jouit le mineur émancipé.

Questions. V. mes *Notes,* n°ˢ 1678, 1685, 1698, 2901, 4974, 8575 ; — 1674 A², 1685, 1715 A².

Dr. romain. De [adoptionibus et] emancipationibus, Dig. I, 7 ; Cod. VIII, 49. Gaïus, I, 124 à 141 ; Instit. I, tit. 12.

Interdiction. (C. civ. 488 à 515).

Textes corrélatifs. C. civ. 901, 1124, 2121. — C. pr. 890 à 897. — C. pén. 29 à 31. Loi du 30 juin 1838, sur les aliénés.

Sources. Pothier et droit romain, *passim*. V. Bourjon, I, 4.

Les règles sur les actes faits pendant l'interdiction sont importantes et difficiles. Rapprochez-les des principes généraux sur la capacité de contracter, la rescision et la confirmation. — Combinez la loi des *aliénés* avec le Code civil. — Fixez-vous sur la portée de l'interdiction légale du Code pénal.

Questions. V. mes *Notes*, n°ˢ 1710, 1715, 1730, 1739, 1755 ; — 1779 A ; — 198 A², 368, 1710, 1715, 1716 A².

Mat. corrélat. de dr. rom. De curatoribus furioso dandis, Dig. XXVII, 10 ; Cod. V, 70 ; Instit. de curatoribus.

Comparez la tutelle et la curatelle ; examinez les questions fondamentales sur la curatelle des mineurs de 25 ans.

Division des biens (C. civ. 516 à 543).

Textes corrélatifs. C. civ. 713, 1128, 2118, 2204, 2226, 2227. — C. pr. 592. — Lois 22 nov. 1790, 1 à 14 ; 21 mai 1836, 10 ; S.-Cᵗᵒ 12 déc. 1852.

Sources. Droit rom., Coutumes et Pothier, *passim.* V. spécialem. Pothier, Orl. XVII.

Auteurs spéciaux. Hennequin, Malapert, Proudhon (dom. public).

Cataloguez les nombreuses différences qui constituent l'intérêt de la division en meubles et immeubles. Creusez la division doctrinale du *jus in re* et du *jus ad rem;* et cherchez quand l'un ou l'autre est mobilier ou immobilier (C. civ. 526, 529). Méditez également la distinction du domaine public et du domaine de l'État.

Questions. V. mes *Notes*, nᵒˢ 1808, 1823, 1875, 1884, 1993, 6834, 6961, 7372, 8344, 8542, 9021 ; — 1838 A ; — 1811 A².

Mat. corrélat. de dr. rom. De divisione rerum, Dig. 1, 8 ; Instit. II, 1, §§ 1 à 10 ; Gaïus, II, 1 à 22, 40 à 42. Ulp. XIX, 1,

Examinez si la division en choses corporelles et incorporelles est rationnelle ; et comment celle des choses *mancipi* et *nec mancipi* s'explique historiquement.

Analyse de la propriété
(C. civ. 544, 545, 552).

Textes corrélatifs. C. civ. 637 à 685, 711, 712. Lois 28 sept. 1791, 16 sept. 1807, 21 avril 1810, 30 mars 1831, 21 mai 1836, 3 mai 1841, 29 avril 1845.

Sources. Pothier, droit de propriété.

Auteurs spéciaux. Proudhon, Féraud-Giraud, — H. Blondeau (essai sur le *jus in re*);

1° (Expropriation pour utilité publique). Blanche, Debray, Decaudaveine et Théry, Delalleau, Demilly, Desprez, Gand, Herson, Hombert, Solon.

2° (Mines). Delebecque, Peyret-Lallier, Ravinet, Richard.

3° (Desséchement des marais). Poncelet.

4° (Chemins vicinaux). Demilly, Dumay, Féraud-Giraud, Flachat-Mony, Fleurigeon, Garnier, Herman.

5° (Police rurale). Guichard, Jacques de Valserre, Miroir, Neveu de Rotrie.

Cataloguez les nombreuses dérogations au *jus abutendi* contenu dans le droit de propriété; ainsi que les démembrements qu'on a imaginés à diverses époques [1].

Questions. V. mes *Notes,* n°s 6126; — 5510 A [2].

Mat. analogues de dr. rom. De rei vindicatione; de Publiciana, Dig. VI, 1, 2; Cod. III, 32.

V. le commentaire de M. Pellat et le traité de M. Molitor.

---

[1] La démonstration de la légitimité de la propriété offre un grand intérêt depuis la terreur assez hyperbolique inspirée par les nombreuses utopies dites socialistes. Elle est absente des livres de droit positif. V. Ch. Comte, *Traité de la propriété*, et ma *Théorie du droit constit.*, n°s 295 à 321.

Droit d'accession (C. civ. 546 à 577).

Textes corrélatifs. C. civ. 712, 583, 584, 1005, 1014, 1401, 2176. — C. pr. 129.

Sources. Droit romain ; Pothier, de la propriété.

Auteurs spéciaux. Hennequin ; — Chardon (Alluvion). — Championnière, Rives (Cours d'eau).

Distinguez l'extraction de l'incorporation ; cherchez en quoi l'équité moderne doit s'écarter ici de l'équité romaine.

Questions. V. mes *Notes*, n°s 1811, 1956, 1963, 1978, 1993, 1999 ; — 1811 A^2, 1955, 1956, 1963, 1978 A^2.

Mat. corrél. de dr. rom. De adquirendo dominio, Dig. XLI, 1 ; de alluvionibus, Cod. VI, 41 ; de [usuris et] fructibus, D. XXII, 1. Cod. IV, 32 ; Inst. II, 1, §§ 20 à 37 ; Gaïus, II, 70 à 79 ; Ulp. XIX, 3 à 7, 9-10.

La question fondamentale est de savoir si l'accession est une manière d'acquérir la propriété. Compar. Ducaurroy et M. Ortolan.

Usufruit (C. civ. 578 à 624).

Textes corrélatifs. C. civ. 384, s., 754, 950, 1422, 1568. — Loi du 31 mai 1854.

Sources. Droit romain. Dig., liv. VII ; Pothier, Douaire, n°s 194 à 255, etc. ; Communauté, n°s 204 à 232.

Auteurs spéciaux. Proudhon, 8 in-8°, Salviat.

Examinez comment la nature différente des choses grevées d'usufruit influe sur l'étendue des droits de l'usufruitier. Énumérez les charges et les modes d'extinction.

Questions. V. mes *Notes*, nᵒˢ 2073, 2109, 2112, 2127, 2136, 2155, 2168, 2175, 4336; — 2136 A, 2175 A; — 1955 A², 1978, , 2039, 2040, 2175, 3796, 3827 A².

Matières corrél. de dr. rom. De usufructu; Dig., VII, 1; Cod., III, 33; De usu et usufr. legato, D., XXXIII, 2; Quando dies usufr.; De usufr. rerum quæ consumuntur; Si usufr. petatur; Usufructuarius quemadmodum caveat; Quibus modis ususfr. amittitur; De usufr. adcrescendo, D., VII, 3, 5, 6, 9, 4 et 2; Instit., II, 4; Vaticana fragmenta, §§ 41 à 93.

Consultez, sur ce dernier texte, le commentaire latin de l'allemand M. Buchholtz. —V. les principes généraux de M. Pellat et le traité de l'usufruit par M. Genty.

Usage et habitation (C. civ., 625 à 636).

Textes corrélatifs. Code forestier, 61 à 85, 120-121.

Sources. Droit romain; Pothier (Droit d'habitation).

Auteurs spéciaux. Proudhon, Gavini de C.

16.

Comparez l'usage transformé en usufruit restreint avec le *nudus usus* que conçoit la théorie et que semblent avoir admis primitivement les Romains.

Questions. V. mes *Notes*, n°ˢ 2194, 5857; — 2194 A², 2196-1° et 2°, 2207 A².

Mat. corrél. de dr. rom. De usu et habitatione, Dig., VII, 8; Cod., III, 33; — Quibus modis usus amittitur, *ib.*, 4; De usu legato, D., XXXIII, 2.

Recherchez les fragments spéciaux à l'usage; déterminez les différences entre l'usage et l'usufruit, entre l'usage et l'habitation. V. Ducaurroy.

Servitudes.

Auteurs spéciaux sur l'ensemble. Pardessus (8ᵉ édit.), Astruc (Solon), Gavini de Campile, Lalaure (Paillet).

1° Servitudes naturelles (C. civ., 640 à 648).

Textes corrélatifs. C. civ., 556 à 63. — C. pr., 3. — C. pén., 389, 456. — Lois 17 juin 1840, 29 avril 1845, 11 juillet 1847.

Sources. Droit romain et Pothier, *passim* (Société, n°ˢ 235 à 239). Loi 20 sept. 1791.

Auteurs spéciaux (Cours d'eau). Bertin, Bordeaux, Championnière, Daviel, Decamps, Dubreuil, Dumont, Garnier, Nadaut de Buffon, Rives. — (Bornage) Millet.

Comparez les diverses situations des fonds

par rapport à un même cours d'eau. Étudiez la nature de l'action en bornage.

Questions. V. mes *Notes*, n°ˢ 2232, 2235, 2252, 2253; — 2252 A².

Mat. corresp. de dr. rom. De aqua et aquæ pluviæ arcendæ, Dig., XXXIX, 3. Finium regundorum, D., X, 1; Cod., III, 39. — Inst., § 20, De action.; § 5, De officio judicis.

2° Servitudes légales (C. civ., 649 à 685).

Textes corrélatifs. C. civ., 538, 545, 556, 1370. — Loi 29 avril 1845. — Ordonn. 1669, 28, 7.

Sources. Droit romain; Coutumes de Paris, Orléans, etc. Pothier (Société, Appendice, n°ˢ 199 à 254; Orléans, XIII); Desgodets (Lois des bâtiments).

Auteurs spéciaux. V. p. 186 (Voisinage), Fournel, Frérot. — (Bâtiments), Frémy-Ligneville, Perrin, Vagnat. — (Servit. lég.) Delalleau, Jousselin.

Étudiez la nature de la mitoyenneté, comparée avec la communauté *pro indiviso.* Cataloguez les servitudes légales, s'il est possible.

Questions. V. mes *Notes*, n°ˢ 2253, 2268, 2285, 2294, 2310, 2325, 2330, 2346; — 2274 A; — 2310 A², 2326, 2333 A².

Mat. corresp. de dr. rom. Communi dividundo, Dig., X, 1; Cod., III, 37, 38; pro socio, Dig., XVII, 2 ; Cod., II, 37 ; Quod vi aut clam ; De glande legenda, de arboribus cædendis, D., XLIII, 24, 27, 28. — Instit., § 20, De action.; §§ 4 et 6, De officio judicis.

3° Servitudes volontaires (C. civ., 637 à 639, 686 à 710).

Textes corrélatifs. C. civ., 642, 1300, 1337, 2177, 2232, 2265.

Sources. Droit romain, Dig., liv. VIII, Pothier, Orléans, XIII.

Auteurs spéciaux. V. p. 186.

Étudiez, à l'aide du droit romain, les caractères généraux de la servitude. Rapprochez les règles de la prescription et de l'usufruit (C. civ., 579, 580, 617 à 624). Tâchez de deviner l'énigme juridique de l'art. 694.

Questions. V. mes *Notes,* n°ˢ 2356, 2366, 2377, 2379, 2388, 2410 ; — 2405 A ; — 2398 A^2, 2407 A^2.

Mat. correspond. de dr. rom. De servitutibus, communia prædiorum ; Servit. prædiorum urbanorum, id. rusticorum ; quemadmodum s. amittuntur ; Si servitus vindicetur, Dig., VIII, 1 à 6 ; Cod., III, 34. De itinere privato, De aqua quotidiana, De rivis, De fonte, De cloacis, D., XLIII, 19 à 23.

V. Principes généraux de M. Pellat ; M. Molitor. Il existe un Traité de Cœpolla sur les servitudes.

V. Instit., § 2 , De actionibus, et liv. II, tit. III.

Occupation (C. civ., 713 à 717).

Textes corrélatifs. C. civ., 539, 598, 768. Lois 4 août 1789, 15 avril 1829, 3 mai 1844.

Sources. Droit romain ; Pothier (De la propriété).

Auteurs spéciaux (Chasse). Ch. Berriat Saint-Prix, Camusat-Busserolles, Duvergier, Guichard, Houel, Petit, Rogron, Teulet-d'Auvilliers-Sulpicy.

Conciliez l'occupation avec l'art. 713. V. p. 45. Cherchez comment on peut justifier l'acquisition des deux moitiés du trésor.

Questions. V. mes *Notes* [1], n°s 4233 (mais v. loi de 1855), 4238, 5588 ; — 2534 A[2].

Mat. corresp. de dr. rom. De adquirendo dominio, Dig., XLI, 1 ; De thesauris, Cod., X, 15. Instit., De rerum divis., §§ 11 à 19, 39.

Successions *ab intestat* (liv. III, tit. I).

Sources de l'ensemble. Pothier (Successions ; Orléans, XVII) ; Lebrun (Successions).

Auteurs spéciaux sur l'ensemble. Chabot de l'Allier (7e édit.), Commaille, Despréaux

---

[1] La lettre A indique des additions placées dans les pages 625 et suiv. ; la lettre A[2], des additions placées dans les pages 632 et suiv.

(Dictionnaire), Dupin, Favard, Firmigier-Lanoix, Fouet de Conflans, Malpel, Martin de l'Indre, Pailliet, Poujol, Tissandier, Vazeille.

1° Ouverture et saisine (C. civ., 718 à 724).

Textes corrélatifs. C. civ., 120, 180, 769, s., 802, 878, 1014. — Loi du 31 mai 1854.

Sources. Droit rom., Coutumes, Pothier, sup.

Auteurs spéciaux. Klimrath, Simonnet.

Tâchez de vous faire une opinion sur la portée de la saisine attribuée aux héritiers légitimes et refusée aux successeurs irréguliers.

Questions. V. mes *Notes*, n°s 2555, 2564, 2570 ; — 71 A^2.

Mat. corresp. de dr. rom. De rebus dubiis (en ce touche les *commorientes*), Dig., XXXIV, 5 ; De adquirenda hereditate, D., XXIX, 2 ; Cod., VI, 31. *V.* Instit., De heredum qualitate ; Gaïus, II, 152 à 173.

2° Incapacité et indignité (C. civ., 725 à 730).

Textes corrélatifs. C. civ., 136, 906, 957, s. — Lois 14 juill. 1819, 31 mai 1854.

Sources. Droit rom., Cout., Poth., sup.

Auteurs spéciaux. Thémis, VII, 1.

Creusez la notion de l'incapacité et de l'indignité, et déterminez-en les différences.

Questions. V. mes *Notes*, n°s 2578, 2588, 2595 ; — 2587 A^2.

Mat. corrélat. de dr. rom. De his quæ ut indignis auferuntur, Dig., XXXIV, 9 ; Cod., VI, 35.

Essayez de rassembler les textes épars dans le Digeste sur la matière de l'indignité.

A l'égard de l'incapacité, ils sont disséminés dans les titres « De heredibus instituendis, De adquirenda hereditate, » etc.

Mat. analogues. De hereditatis petitione ; Si pars heredit. ; de fideicommiss. hered. petit. ; De possess. hered. petit., Dig., V, 3 à 6 ; Cod., III, 31 ; Quorum bonorum, D., XLIII, 2 ; Cod., VIII, 2. — Inst., § 2, De officio judicis.

8° Énumération des successeurs ab intestat (C. civ., 731 à 773).

Textes corrélatifs. C. civ., 351, 352, 951, 952, 1474.

Sources. Droit romain, Cout., Poth., *sup.* — Loi 17 nivôse an II.

Auteurs spéciaux (Parenté). Gragnon-Lacoste, Martin. — (Enfants naturels) Gros, Loiseau, Richefort.

Essayez d'exposer, à votre manière, le système de succession adopté par le Code. Fixez-vous sur la nature du droit de l'ascendant donateur, des enfants naturels, des enfants incestueux et des parents du défunt enfant naturel.

Questions. V. mes *Notes*, n⁰ˢ 2633 à 2636, 2641, 2654, 2660, 2668, 2674, 2677, 2694; — 709 A², 1255, 2633, 2657, 2689, 2690, 3093, 3296 - 2° et 3° A².

Mat. corresp. de dr. rom. De suis et legitimis; ad S.-Cᵗᵘᵐ Tertyllianum, Dig., XXXVIII, 16 et 17; Cod., VI, 54 et 55. — Unde liberi, D., *ib.* 6; Cod., 15; De conjungendis, D., XXXVII, 8; Unde legitimi, Unde cognati; Unde vir et uxor; Quis ordo, De successorio edicto, D., XXXVIII, 7, 8, 11, 15, 9; Cod., VI, 14 à 18; — Novelles 118, 127, chap. 1. — Instit., III, 1 à 9; Gaïus, III, 1 à 38; Ulp., XXVI à XXVIII.

Exposez séparément le système de la loi des XII Tables et celui du préteur; énumérez chronologiquement les changements progressifs apportés à tous deux; puis analysez le système de la novelle 118.

4° Acceptation et répudiation (C. civ., 774-801).

Textes corrélatifs. C. civ., 1454 à 1464, 1475, 2259. — C. proc., 174, 997.

Sources. Droit rom., Coutum.; Poth., sup.

Auteurs spéciaux. V. p. 189. H. Blondeau (Séparation des patrim.).

La question fondamentale est de savoir si l'acceptation est nécessaire pour faire acquérir l'hérédité, ou si son effet se borne à empêcher la renonciation. De cette question dépend celle de savoir quelle est la position de l'habile à succéder, au bout de 30 ans.

Questions. V. mes *Notes*, nᵒˢ 2712, 2721, 2722, 2732, 2746, 2748, 2772, 2781, 2818; — 2751 A², 2752, 2756, 2761, 2767 A².

Mat. corresp. de dr. rom. De adquirenda hereditate, Dig., XXIX, 2; Cod., VI, 30, 31; De jure deliberandi, D., XXVIII, 8; Cod., VI, 30. — Instit. de heredum qualitate; Gaïus, II, 152 à 173; Ulpien, XXII, 23 à 34.

Pothier a traité la matière *De heredum qualitate* dans un appendice placé à la suite du titre 6 du livre XXVIII.

Cherchez si l'utilité du *jus deliberandi* s'explique en droit romain comme en droit français.

5ᵒ Bénéfice d'inventaire (C. civ., 793, 802 à 810).

Textes corrélatifs. C. civ., 461, 875, 1251-4ᵒ, 1483, 2146, 2258. — C. pr., 986 à 996.

Sources. Loi 22, Cod., De jure deliberandi, Coutumes; Pothier, sup.

Auteurs spéciaux. V. p. 189. Bilhard.

Étudiez la notion du patrimoine et l'effet que doit produire, soit la confusion, soit la séparation des patrimoines du défunt et de l'héritier, surtout dans les rapports de celui-ci et des créanciers héréditaires.

Questions. V. mes *Notes*, nᵒˢ 2827, 2844, 2865.

6º Successions vacantes (C. civ., 811 à 814).

Textes corrélatifs. C. civ., 802 à 810, 2258. — C. pr., 998, s.

Sources et auteurs spéciaux. V. p. 189.

Tâchez de reconnaître le caractère distinctif qui sépare la vacance de la déshérence.

Questions. V. mes *Notes,* nᵒˢ 2870, 2874.

Mat. analogues de dr. rom. De curatore bonis dando, Dig., XLII, 7.

7º Action en partage et forme du partage (C. civ., 815 à 840, 842).

Textes corrélatifs. C. civ., 466, 1075 à 1080, 1687, 1688. — C. pr., 966 à 985.

Sources et auteurs spéciaux. V. p. 189. Tillard.

Rendez-vous compte de la nature du partage (v. art. 883) et des actes qui l'opèrent. Revoyez les règles sur la capacité de contracter ou d'aliéner, et celles du contrat de mariage, pour les combiner avec l'art. 818.

Questions. V. mes *Notes,* nᵒˢ 2894, 2895, 2901, 2917, 2980; — 2039 A², 2905, 8702 A².

Mat. corrélat. de dr. rom. Familiæ erciscundæ, Communi dividundo, Dig., X, 2 et 3; Cod., III, 36 à 38.

V. Instit., §§ 3 et 4, De oblig. quasi ex contr.; §§ 4 et 6, De officio judicis; § 20, De actionibus.

8° Retrait successoral (C. civ., 841).

Textes corrélatifs. C. civ., 545, 1408 – 2°, 1699 à 1701.

Sources. Lebrun (Success., IV, ij, 3, n° 66). V. lois 22 et 23, Cod. mandati.

Auteurs spéciaux. V. p. 189. Benoît.

Recherchez en quoi la faculté d'exercer le retrait déroge aux principes. Jetez un coup d'œil sur les autres espèces de retraits admises autrefois.

Questions. V. mes *Notes*, n°s 2984 ; — 7426 A².

9° Rapports (C. civ., 843 à 869).

Textes corrélatifs. C. civ., 760, 830, 913, 919, 924, 1573.

Sources. V. p. 189. Cout. de Paris, 304, s.

Auteurs spéciaux. V. p. 189. Dupin.

Étudiez l'origine et le vrai motif de l'obligation du rapport, la différence entre le rapport en nature et le rapport en moins prenant. Revoyez les règles sur la réduction.

Questions. V. mes *Notes*, n°s 3021, 3029, 3047, 3331, 3333 ; — 2996 A², 3333 A².

Mat. corrél. de dr. rom. De collatione bonorum, De dotis collatione, Dig., XXXVII, 6 et 7 ; Cod., VI, 20. *V.* Familiæ erciscu., Dig., X, 2 ; Cod. III, 36, 38.

10° Obligation et contribution aux dettes
(C. civ., 870 à 877).

Textes corrélatifs. C. civ., 1009, 1012, 1024, 1220, s., 1482, s.

Sources et auteurs spéciaux. V. p. 189. Cout. Paris, 333, 334.

Distinguez soigneusement l'*obligation* et la *contribution*, si souvent confondues dans la pratique, même par de savants magistrats. Revoyez les règles sur la divisibilité des dettes et la subrogation.

Questions. V. mes *Notes*, n°ˢ 3093, 3103; — 3093 A^2, 3635, 4547 A^2.

Mat. corrél. de dr. rom. De hereditariis actionibus, Cod., IV, 16.

11° Séparation des patrimoines
(C. civ., 878 à 882, 2111).

Textes corrél. C. civ., 873, 1017, 2113, 2205.

Sources et auteurs spéc. V. p. 189. Blondeau, Dufresne, Hureaux.

Recherchez si la séparation des patrimoines établit seulement une préférence collective de masse à masse, ou bien si elle aboutit à une véritable hypothèque, privilégiée ou non, comme semblent le vouloir les art. 2111 et 2113.

Questions. V. mes *Notes,* n°ˢ 3123; — 3125 A^2, 3130, 8511 A^2.

Mat. corrél. de dr. rom. De separationibus, Dig. XLII, 6; Cod., VII, 72.

12° Effets du partage (C. civ., 883 à 886).

Textes corrélatifs. C. civ., 1476, 1693 à 1695, 1872, 2103, 2109.

Sources et auteurs spéciaux. V. p. 189. Pothier (Vente, n°ˢ 630 à 636; Société, n°ˢ 178, s.; Communauté, n°ˢ 711, s.).

Comparez les effets logiques du partage avec les effets fictifs, et cherchez à quel point doit s'arrêter la fiction. Revoyez les règles de la garantie pour éviction et de la cession de créances.

Questions. V. mes *Notes*, n°ˢ 3135, 3136; — 3135 A², 7426, 8470 A².

Dr. romain. V. p. 194.

13° Rescision du partage (C. civ., 887 à 892).

Textes corrélatifs. C. civ., 1118, 1304, s.; 1674, s.

Sources et auteurs spéciaux. V. p. 189.

Relisez les principes sur la rescision des contrats, pour vices du consentement ou pour incapacité.

Questions. V. mes *Notes,* n°ˢ 3171, 3175; — 3171 A².

Donations et legs (liv. III, tit. 2).

Sources de l'ensemble. Ricard, Furgole. 1° Donations; Pothier (Orléans, XV; Donat. entre-vifs); 2° Legs; Pothier (Orléans, XVI).

Auteurs spéciaux sur l'ensemble. Grenier (Bayle-Mouillard), Coin-Delisle, Bernardi, Commaille, Desquiron, Poujol, Saint-Espès Lescot, Tissandier, Desquiron, Rocca.

1° Notions générales (C. civ., 893 à 900).

Textes corrélatifs. C. civ., 6, 1172, 1389. Recherchez jusqu'à quel point la donation à cause de mort a été supprimée, et s'il y a intérêt de distinguer la donation entre-vifs des autres contrats. (N'imitez dans aucun système la bévue du premier consul, qui ignorait la notion des contrats *unilatéraux*.)

Questions. V. mes *Notes*, n°s 3181, 3209, 4184 ; — 3208 A^2, 3822, 4123 A^2.

Mat. corrél. de dr. rom. De conditionibus institutionum, Dig., XXVIII, 7 ; De conditionibus et demonstrationibus, D., XXXV, 1 ; Cod., VI, 25, 46.

V. Inst., §§ 9 à 11, De heredibus instituendis ; § 11, De inutilibus stipulationibus. Gaïus, III, 98.

Mat. analog. de dr. rom. De vulgari substitutione, Dig., XXVIII, 6 ; Cod., VI, 25, 26 ; Instit., II, 15, 16.

2° Capacité de donner (C. civ., 901 à 912).

Textes corrélatifs. C. civ., 11, 25, 502 à 504, 937, 997, 1100, 1840. — Lois 14 juillet 1789, 2 janv. 1817.

Sources et auteurs spéc. V. p. 197, Thémis, VII, 135, 371, 476.

Revoyez les règles sur la capacité de contracter. Énumérez les incapacités de recevoir.

Questions. V. mes *Notes*, n°s 1755, 3227, 3230, 3241, 3247, 3250, 3372 ; — 3235 A^2, 3261, 2996 A^2.

Mat. corrél. de dr. rom. De heredibus instituendis, Dig., XXVIII, 5 ; Cod., VI, 24. Instit., § 4, De heredum qualit. ; §§ 24 à 33, De legatis.

Évitez de confondre la *testamenti factio passiva* avec la *capacitas*. Recherchez les textes sur les fidéicommis tacites.

8° Réserve et réduction (C. civ., 913 à 930).

Textes corrélatifs. C. civ., 845, 857, 866, 904, 1009, 1094, 1098.

Sources. V. p. 197. Loi 17 nivôse an II, 26 ; Ordonn. 1731, 34, 42.

Auteurs spéciaux. V. p. 198. Jouaust, Levasseur.

Comparez l'ancienne légitime avec la réserve du Code civil ; creusez surtout la réserve des ascendants, donateurs ou non.

Questions. V. mes *Notes*, n°s 3286, 3289, 3296, 3303, 3310, 3331, 3333 ; — 62 A^2; 1369, 2690, 3296, 3323, 3331, 3333, 3994 A^2.

Mat. corrél. de dr. rom. De inofficioso testamento, Dig., V, 2 ; Cod., II, 28 ; Novelle 18. De inofficiosis donationibus, C., III, 29,

30. Instit., liv. II, tit. 18. — Ad legem Falcidiam, D., XXXV, 2 ; Cod., VI, 50 ; Instit., II, 22. — Vaticana frag., 266 à 316, De donationibus ad legem Cinciam.

De liberis instit. vel exheredandis, Dig., XXVIII, 2 ; Cod., VI, 28, 29 ; De bonorum possessione contra tabulas, D., XXXVII, 4 ; Cod., VI, 12.

4° Donations entre-vifs (C. civ., 931 à 952).

Textes corrélatifs. C. civ., 601, 1069 à 1072, 1339, 1340. — Loi de 1855.

Sources. V. p. 197. Cout. de Paris, 273, s. Ordonn. 1731 ; loi 11 brum. an VII.

Auteurs spéc. V. p. 198. Guilhon, Hureaux.

Recherchez le motif des formes requises, et surtout de la transcription et de la règle « donner et retenir ne vaut ».

Questions. V. mes *Notes,* n°ˢ 3360, 3372, 3376, 3403, 3414, 3418, 3421, 3425, 3429 ; — 3368 A², 3402, 3441, 4123 A².

Mat. correspond. de dr. rom. De donationibus, Dig., XXXIX, 5 ; Cod., VIII, 54 ; De donationibus sub modo, Cod., VIII, 55. Vaticana fragm., 248 à 316. Instit., II, 7.

Recherchez les motifs de l'insinuation et les résultats de son omission.

5° Révocation des donations entre-vifs (C. civ., 953 à 966).

Textes corrélatifs. C. civ. 727, 729, 1046-7, 2125.

Sources. V. p. 197. Ordonn. 1731, 39, s. Loi 8 , Cod., De revocandis donationibus.

Auteurs spéciaux. V. p. 198. J. Berriat S.-Prix (révocat. pour survenance d'enfants), Ferry (Revue Fœlix, 1843).

Comparez les effets des trois révocations ; cherchez si la révocation pour survenance d'enfants est rationnelle et si la prescription de l'art. 966 est libératoire ou acquisitive.

Questions. V. mes *Notes*, n°s 3450, 3467, 3490, 3491, 3500 ; — 3467 A^2, 3474, 3479 A^2.

Mat. corresp. de dr. rom. De revocandis donationibus, Cod., VIII, 56 ; Vaticana fragm., 248 à 265, Quando donator intelligatur revocasse voluntatem.

V. Inst., § 2 , De donationibus[1].

6° Forme des testaments (C. civ., 967 à 1001).

Textes corrélatifs. C. civ., 123, 895, 1007, 1008. — Ordonn. d'août 1681 ; Lois 25 ventôse an XI, 3 mars 1822.

Sources. V. p. 197. Ordonn. de 1735. Cout. de Paris, 289.

Auteurs spéciaux. V. p. 198. Gagnereaux (loi de vent.) ; Loret. — Moureau (test. myst.)

Négligez les formes spéciales de testament, et creusez de préférence les formes ordinaires.

______

[1] L'École rattache ici le titre *De injuriis et famosis libellis*, D. xlvii, 10 ; Instit., IV, 4.

Examinez avant tout si la loi sur le notariat est applicable au testament public.

Questions. V. mes *Notes,* n°s 3515, 3528, 3536, 3544, 3559, 3562, 3573, 3591, 3603 ; — 3553 A^2, 3603 A^2.

Mat. corresp. de dr. rom. Qui testamenta facere possunt et quemadmodum testamenta fiant, Dig., XXVIII, 1 ; Cod., VI, 22, 23 ; De testamento militis, De jure codicillorum, D., XXIX, 1 et 7 ; Cod., VI, 21, 36 ; Instit., II, 10 à 12, 25. Gaïus, II, 101 à 108. Ulp., XX.

Quemadmodum testamenta aperiantur, Dig. XXIX, 3 ; Cod., VI, 32.

7º Legs (C. civ., 1002 à 1034).

Textes corrélatifs. C. civ., 809, 1423, 2111.

Sources et auteurs spéc. V. p. 197. Revue Marcadé 1852 ; comp. l'article de M. Nicias-Gaillard et les 2 miens.

Comparez la notion du legs et de l'ancienne institution d'héritier, et cherchez jusqu'à quél point celle-ci peut être considérée comme maintenue. V. p. 42, 46.

Questions. V. mes *Notes,* n°s 2155, 3622, 3623, 3628, 3636, 3645, 3658, 3669, 3673, 3684, 3702, 3717, 3733 ; — 3635 A^2, 3665, 3702, 5212 A^2.

Mat. corresp. de dr. rom. De legatis, 1º, 2º et 3º, Dig., XXX, XXXI, XXXII ; Cod., VI,

37, 42, 48 ; De dote prælegata, De optione legata, D., XXXIII, 4 et 5 ; De annuis legatis, de usu legato, *ib.*, 1 et 2 ; De alimentis legatis, de liberatione legata, *ib.*, XXXIV, 1, 3 ; — Quando dies legatorum cedat, D., XXXVI, 2 ; Cod., VI, 53 ; — Ut legatorum causa ; Ut in possessionem legatorum, D., XXXVI, 3 et 4 ; Cod., VI, 54 ; quod legatorum, D., XLIII, 3 ; Cod., VIII, 3.

Inst., De legatis, II, 20 ; Gaïus, II, 191 à 245 ; Ulpien, XXIV.

8° Révocation des legs (C. civ., 1035 à 1038).

Sources et aut. spéc. V. p. 197.

Distinguez soigneusement la révocation expresse et tacite, et la révocation tacite résultant d'un nouveau testament, de celle qui résulte d'un acte entre-vifs.

Questions. V. mes *Notes,* n°ˢ 3748, 3752, 3762 ; — ci-dessus, p. 138.

Mat. corresp. de dr. rom. De injusto, rupto testamento, Dig., XXVIII, 3 ; Ulp., XXIV. De adimendis legatis, D., XXXIV, 4.

9° Caducité des legs (C. civ., 1039 à 1045).

Sources et auteurs spéc. V. p. 197. V. Proudhon (usufruit), d'Hautuille.

Énumérez les cas de caducité, et comparez la théorie romaine du droit d'accroissement avec celle du Code civil.

Questions. V. mes *Notes,* n°ˢ 3247, 3787, 3790, 3794 à 3796 ; — 3796 A².

Mat. corresp. de dr. rom. V. p. 202. De caducis tollendis, Cod., VI, 51. Ulp., XIII à XVIII; Gaïus, II, surtout 207 et 208. Instit., § 8, De legatis.

Pothier a traité cette matière dans la 5ᵉ partie de son titre *De legatis.* Il faut le lire avec précaution, en le rectifiant par Gaïus. V. les dissertations de d'Hautuille et d'Holtius (Thémis, IX et X).

De regula Catoniana ; De his quæ pœnæ nomine ; De his quæ pro non scriptis, D., XXXIV, 7 à 9 ; Cod., VI, 41, 45. *V.* Instit., II, 20, De legatis.

10° Révocation judiciaire des legs (C. civ., 1046, 1047).

V. ci-dev., p. 200, 5°.

V. mes *Notes*, n° 3799 A².

11° Substitutions fidéicommissaires
(C. civ., 896-7, 1048 à 1074).

Textes corrélatifs. Cod. civ., 939 à 942, 1081-2°. — Lois 3 septembre 1807, 17 mai 1826, 12 mai 1835, 7 mai 1849.

Sources. V. p. 197. Ordonn. d'août 1747. Thévenot d'Essaule.

Auteurs spéciaux. V. p. 198. Rolland de Villargues, 3ᵉ édit. Thémis, V. 457 ; VI, 35.

Parcourez les variations successives que cette matière a subies, par suite des variations politiques. Fixez-vous avant tout sur la nature du droit du grevé.

Questions. V. mes *Notes*, n°ˢ 3209, 3833, 3844, 3857, 3863, 3880, 3892; — 3208 - 6° à 9° A², 3822, 3827, 3891 A².

Mat. corresp. de dr. rom. Ad S.-C^{tum} Trebellianum, Dig., XXXVI, 1; Cod., VI, 42, 43, 49; Instit., II, 23, 24.

11° Partage d'ascendant (C. civ., 1075 à 1080).

Textes corrélatifs. C. civ. 819 à 840, 887 à 892.

Sources. V. p. 197. Novelle 18.

Auteurs spéciaux. V. p. 198. Genty.

Recherchez jusqu'à quel point les actes dont il s'agit tiennent de la donation et du partage, ou du legs et du partage.

Questions. V. mes *Notes*, n°ˢ 3906, 3909; — 3909 A.

12° Donations par contrat de mariage
(C. civ., 1081 à 1090).

Textes corrélatifs. C. civ. 959, 960, 1541.

Sources. V. p. 197; Ordonn. 1731; Coutumes d'Auvergne et de Bourbonnais; Auroux des Pommiers sur cette coutume.

Auteurs spéciaux. V. p. 198. Boutry.

Cherchez en quoi les donations dont il s'agit dérogent aux règles générales, et si la donation cumulative de biens présents et à venir entraîne dessaisissement des biens présents.

Questions. V. mes *Notes*, n°ˢ 3940, 3941, 3961; — 3930 A².

Mat. analog. de dr. rom. De mortis causa donationibus, Dig. XXXIX, 6 ; Cod. VIII, 57 ; Instit. II, 7.

13º Donations et legs entre époux (C. civ., 1090 à 1100).

Textes corrélatifs. C. civ. 903, 911, 913 à 916, 1496, 1527, 1595.

Sources. V. p. 197. Loi 17 nivôse an II ; lois 3 et 6 Cod. de secundis nuptiis ; Édit des secondes noces de 1560 ; cout. de Paris, 279.

Auteurs spéc. V. p. 198. Bénech, Boutry, Demolombe (Revue de législ. 1851).

Cherchez en quoi les donations faites pendant le mariage échappent aux règles générales. Comparez la quotité disponible entre époux et la quotité ordinaire, et essayez de vous faire un système pour le cas de libéralités faites en même temps à l'époux et à des tiers.

Questions. V. mes *Notes*, nᵒˢ 3979, 3994, 3997 ; — 1099 A², 3235, 3261, 3474, 3968, 3994 A².

Mat. corresp. de dr. rom. De donationibus inter virum et uxorem, Dig. XXIV, 1 ; Cod. V, 16 ; de donationibus ante nuptias, Cod. V, 3 ; de secundis nuptiis, Cod. V, 9 ; — Instit., § 3 de donat. ; Ulp. XV et XVI ; Paul. Sentent. II, 23.

Étudiez l'effet des donations *ante nuptias.* V. Vinnius sur le § 3 Instit. de donat.

Contrats (liv. III, tit. III).

Sources de l'ensemble. Pothier (traité des obligations [1], Orléans, n°⁵ 114, s.); droit romain, *passim.*

Auteurs spéciaux sur l'ensemble. Bousquet, Carrier, Molitor, Poujol, Dard, Commaille, Renault de l'Orne.

1° Division des contrats (C. civ., 1101 à 1107).

Textes corrélatifs. C. civ. 1184, 1325, 1919, 1964.

Sources. Pothier, n°ˢ 9 à 12.

Auteurs spéc. H. Blondeau (Essais de jurispr.; *jus ad rem*, etc.).

Examinez s'il y a des contrats solennels, ou réels, ou innommés, et des pactes, en droit français.

Questions. V. mes *Notes*, n°ˢ 4038, 4044, 4047; — 4047 A.

Mat. corrél. de dr. rom. Inst. de obligationibus; de obl. quæ consensu; Gaïus, III, 88-89; 135 à 138.

2° Conditions de validité des contrats
(C. civ., 1108 à 1133).

Textes corrélatifs. C. civ. 180, s., 217, s., 502, s., 538, s., 887, 900, 1304, s., 1674, 1973, 2226.

---

[1] Le numérotage des diverses éditions de ce traité n'est pas le même, parce que l'auteur a inséré, après coup, des articles sur le *constitut* et la *chose jugée.*

Sources. V. p. 207. Poth., n°⁵ 16 à 75, 129 à 139, etc.

Auteurs spéciaux. V. p. 207. — (Dol) Bédarride, Chardon.

Creusez la notion de l'objet et de la cause. Distinguez les diverses espèces d'erreurs et l'erreur, du dol. Cherchez l'intérêt des règles sur la stipulation ou la promesse pour autrui, et rapprochez-en les art. 1165 à 1167.

Questions. V. mes *Notes*, n°ˢ 4078, 4094, 4123, 4184, 4187; — 1046 A^2, 2751, 4019, 4094, 4123 A^2.

Mat. corresp. de dr. rom. Quod metus causa; de dolo malo; Dig. IV, 2 et 3 ; Cod. II, 20, 21 ; de doli et metus exceptione, D. XLIV, 4. — De minoribus, Dig. IV, 4; Cod. II, 22 à 46 ; — De condictione sine causa, ob turpem causam, causa data, D. XII, 7, 5, 4; Cod. IV, 6 à 9; — De verborum obligationibus, D. XLV, 1; Cod. VIII, 38, 39; De pactis, D. II, 14; Cod. II, 3 ;

Inst. de verb. oblig., de inutil. stipul., de actionibus et de exceptionibus.—Gaïus, III, 92, 93.

3° Quand le créancier peut-il exiger l'exécution précise, et que peut-il exiger à son défaut (C. civ., 1134 à 1155).

Textes corrélatifs. C. civ. 804, 1245, 1302, 1732, 1846, 1850, 1927, 1992 ; — C. pr. 128, 523, s.; — C. comm. 184, 221.

Sources et aut. spéc. V. p. 207 ; Pothier, nᵒˢ 142 à 170, etc.

Cherchez si le Code a réellement voulu que le consentement suffise pour transférer la propriété, sans tradition ni transcription. V. loi de 1855. — Étudiez la notion des dommages-intérêts et les divers degrés d'indemnité qu'entraîne l'inexécution. — Cataloguez les cas où les intérêts moratoires varient de taux et ceux où ils courent, soit de plein droit, soit après sommation, soit après assignation.

Questions. V. mes *Notes*, nᵒˢ 4215, 4233, 4238, 4290 ; — 4283 A², 7337 A².

Mat. corresp. de dr. rom. De adquirendo dominio (en ce qui touche la tradition), Dig. XLI, 1 ; Inst. §§ 40 à 48, de rerum divisione ; — De usuris et fructibus, D. XXII, 1 ; Cod. IV, 32.

4º Interprétation des conventions
(C. civ., 1156 à 1164).

Textes corrél. C. civ. 1135, 1602, 1648, 1757, s., 2048-49.

Sources et aut. sp. V. p. 207 ; Poth., nᵒˢ 91 à 100 ; Orléans, XVI, 150, s.

Cherchez des exemples pour y appliquer les diverses règles d'interprétation.

Questions. V. mes *Notes*, nᵒ 4298.

Mat. corresp. de dr. rom. De regulis juris,

18.

Dig. L, 17; De rebus dubiis, D. XXXIV,
5 et *passim*.

5° Effets des conventions à l'égard des tiers (C. civ., 1165 à 1167).

Textes corrél. C. civ. 618, 622, 788, 857,
865, 882, 1052, 1118 à 1122, 1464, 2225;
— C. pr. 778; — C. com. 507.

Sources. V. p. 207; Poth., n° 85, s.

Auteurs spéc. V. p. 207; Capmas.

Cataloguez les nombreuses applications
des art. 1166 à 1167. Développez ce dernier
à l'aide des jurisconsultes romains.

Questions. V. mes *Notes*, n°^{os} 4333, 4335,
4336; — 2767 A², 3130, 4336 A².

Mat. corresp. de dr. rom. Quæ in fraudem
creditorum, Dig. XLII, 8; Cod. VII, 75.
Quando fiscus debitoris sui debitores convenire possit, Cod. IV, 15. *V.* Instit. § 6
de action. et § 3 qui et quib. ex causis
manumitt.

6° Obligations conditionnelles (C. civ., 1168 à 1184).

Textes corrél. C. civ. 900, 1040, 1654,
1741, 1788, 1811, 2125.

Sources et aut. spéc. V. p. 207; Poth.,
n° 198, s., et *passim*.

Recherchez s'il est permis d'établir une
propriété conditionnelle et de quelle manière la propriété se trouve décomposée entre

l'auteur et l'acquéreur. Comparez les obligations conditionnelles et les obligations à terme.

Questions. V. mes *Notes*, n⁰ˢ 4392, 4393, 4396; — 3441 A², 4396, 4790 A².

Mat.ˢ corrél. de dr. rom. De verborum obligat., Dig. XLV, 1; De addictione in diem, de lege commissoria, D. XVIII, 2 et 3; De pactis inter venditorem, C. IV, 54.

V. Instit. de verbor. oblig.

7° Obligations à terme (C. civ., 1185 à 1188).

Textes corrél. C. civ. 1230, 1258-4°, 1292, 1565, 1613, 1913, 2032-2°. — C. pr. 124. — C. com. 144, 146, 444.

Sources et aut. spéc. V. p. 207; Poth., n° 227, s.

Comparez les diverses espèces de terme; comparez le terme et la condition.

Questions. V. mes *Notes,* n⁰ˢ 4409, 4418; — 7467 A².

Mat. anal. de dr. rom. De verborum oblig., Dig. XLV, 1; Instit. III, 15.

8° Obligations sous alternative (C. civ., 1189 à 1196).

Textes corrél. C. civ. 1162, 1221-3°, 1584-2°.

Sources et aut. spéc. V. p. 207; Poth., n° 245, s.

Y a-t-il une propriété sous alternative?

Cherchez les effets de l'obligation facultative et de l'obligation indéterminée. Comparez toutes ces obligations avec celles sous clause pénale.

Questions. V. mes *Notes*, n⁰ˢ 4421, 4433, 4437 ; — 5455 A².

Mat. anal. de dr. rom. V. Pothier, Pandect. de verborum oblig. XLV, 1, *et* de optione legata, XXXIII, 5, n⁰ˢ 23, s.

9º Solidarité (C. civ., 1197 à 1216).

Textes corrél. C. civ. 395-96, 1033, 1222, 1284, s., 1294, 1365, 1442, 1734, 1887, 2002, 2242-49. — C. com. 22, 23, 28, 118, 140, 142, 187. — C. pén. 55.

Sources. V. p. 207 ; Pothier, n⁰ˢ 258 à 282, etc.

Auteurs spéc. V. p. 207 ; Rodière.

Distinguez les obligations *in solidum* des obligations solidaires. Rapprochez successivement, de celles-ci, toutes les causes d'extinction.

Questions. V. mes *Notes*, n⁰ˢ 4451, 4460, 4465, 4487, 4517 ; — 986 A², 5297, 7751 A².

Mat. corrél. de dr. rom. De duobus reis stipulandi, Dig. XLV, 2 ; Cod. VIII, 40 ; Instit. III, 16.

Recherchez les nombreux fragments disséminés dans le Digeste sur ce sujet.

10° Obligations indivisibles (C. civ., 1217 à 1225).

Textes corrél. C. civ. 709, 710, 873, 1232, 1233, 1668, s., 1939, 2083, 2090, 2114, 2249.

Sources. V. p. 207; Pothier, n° 288 à 335, etc.

Auteurs spéciaux. V. p. 207; Bourgnon de Layre, Rodière.

Essayez de comprendre l'*individuum natura* de Dumoulin, ce que Toullier déclare n'avoir pu faire, et cherchez si les trois espèces d'indivisibilité produisent des résultats différents d'après le Code.

Questions. V. mes *Notes*, n°s 4533, 4558, 4559; — 4547 A², 6520, 7596 A².

Mat. corrél. de dr. rom. De verborum oblig., Dig. XLV, 1, *passim.*

V. le Traité de Dumoulin (extricatio labyrinthi dividui et individui).

11° Clauses pénales (C. civ., 1226 à 1233).

Textes corrél. C. civ. 1152, 2047.

Sources et aut. spéc. V. p. 207; Pothier.

Cherchez s'il est permis de cumuler le principal et la peine. Comparez avec les obligat. conditionnelles, facultatives et alternatives.

Questions. V. n°s 4592, 4610, 8146.

Mat. corresp. de dr. rom. Inst. § 7, de verborum obligatione.

Rassemblez les nombreux fragments disséminés dans le Digeste, où il est question de la stipulation d'une peine (v. surtout le titre De verborum oblig. XLV, 1).

12° Conditions de validité du payement
(C. civ., 1234 à 1248).

Textes corrél. C. civ. 1186, 1260, 1298, 1376, s., 1488, 1608, 1900, 1906, 1942, 1967.

Sources et aut. spéc. V. p. 207 ; Poth., n°ˢ 493, s. ; Vente, n°ˢ 600-606.

Revoyez les règles sur la capacité d'aliéner. Ramenez les articles sur le payement à un petit nombre de questions : qui peut payer ? etc.

Questions. V. mes *Notes*, n°ˢ 4631, 4638, 4639, 4669 ; — 4623 A², 4630, 4644, 4652, 4669, 7541 A².

Mat. corrél. de dr. rom. De solutionibus, Dig. XLVI, 3 ; Cod. VIII, 43. *V.* Instit. quib. mod. oblig. tollitur ; § 2, quibus alienare licet.

13° Subrogation (C. civ., 1249 à 1252).

Textes corrél. C. civ. 874, 875, 1236, 2103-2° et 5°, 2029, 2037. — C. pr. 769. — C. com. 159.

Sources. V. p. 207 ; Pothier, Orléans, XX, n° 69, s.

Auteurs sp. V. p. 207 ; Gauthier, Mourlon.

Essayez de concilier la transmission des droits accessoires du créancier avec l'extinction de la créance principale; et, ce qui est encore plus difficile, d'expliquer comment cette transmission peut s'opérer par la volonté du débiteur, malgré le créancier. V. p. 151 à 153.

Questions. V. mes *Notes*, nᵒˢ 4697, 4704; — 1572 A², 4688 A².

Mat. corresp. de dr. rom. De his qui in priorum creditorum locum succedunt, Dig. XX, 4; lois 3, pr.; 12, §§ 1, 4, 6, 8 et 9; 16, 17, 19 à 21. — Cod. VIII, 19.

14° Imputation des payements (C. civ., 1253 à 1256).

Textes corrél. C. civ. 1848, 2081, 2085.

Sources et aut. spéc. V. p. 207; Pothier, n° 565, s.

Conciliez les règles sur l'imputation avec celles qui défendent de payer pour partie ou autre chose, etc.

Questions. V. mes *Notes*, nᵒˢ 4713, 7823.

Dr. rom. V. De solutionibus, Dig. XLVI, 3, *passim.* Pothier, *ibid.,* nᵒˢ 89 à 103.

15° Offres réelles et consignation
(C. civ., 1257 à 1264).

Textes corrél. C. civ. 1961-3°. — C. pr. 49-7°, 590, 657, 812, s.

Sources et aut. spéc. V. p. 207; Poth., nᵒˢ 536 à 545; Dépôt, nᵒˢ 98 à 117.

Examinez si la libération date des offres, ou de la consignation, ou du procès-verbal de dépôt. Que signifie le mot « réalisation? »

Questions. V. mes *Notes*, n°s 4733, 4750.

Mat. analog. de dr. rom. De solutionibus, Dig. XLVI, 3 ; Cod. VIII, 43.

16° Cession de biens (C. civ., 1265 à 1270).

Textes corrél. C. civ. 1945. — C. pr. 898, s. — C. com. 541, s.

Sources et aut. spéc. V. p. 207 ; Poth., Orléans, XIX, 122, s. ; procéd. civ., V^e partie, ch. 2.

Examinez quel droit résulte de la cession pour les créanciers.

Questions. V. mes *Notes*, n°s 4775, 7713.

Dr. rom. De cessione bonorum, Dig. XLII. 3 ; qui bonis cedere possunt, Cod. VII, 71.

17° Novation (C. civ., 1271 à 1282).

Textes corrél. C. civ. 879, 2212.

Sources et aut. spéc. V. p. 207 ; Pothier, n° 570, s.

Cherchez jusqu'à quel point le contrat judiciaire et la sentence produisent novation. Distinguez la délégation de la novation ordinaire. Analysez-les toutes deux, et comparez avec la subrogation et la cession.

Questions. V. mes *Notes*, n°s 4818, 4820 ; — 4789 A^2, 4790, 4817 A^2.

Mat. corresp. de dr. rom. De novationibus, Dig. XLVI, 2 ; Cod. VIII, 42. Gaïus III, 128 à 134, 176 à 181.

18º Remise de la dette (C. civ., 1282 à 1288).

Textes corrél. C. civ. 481, 482, 1210-11. — C. com. 507.

Sources et aut. spéc. V. p. 207 ; Poth., nᵒˢ 608 à 617.

Distinguez la remise-restitution de la remise-libération. Rapprochez les remises partielles et les remises de droits réels.

Questions. V. mes *Notes*, nᵒˢ 4830, 4837, 4859 ; — 1685 A², 4849 A².

Mat. de dr. rom. De acceptilatione, Dig. XLVI, 4 ; Gaïus III, 169 à 175 ; — De pactis (pacte *de non petendo*), Dig. II, 14 : lois 1, §§ 1-2 ; 2, §§ 1, 3 ; 4, § 3 ; 7, §§ 7-8-13 à 15-18-19 ; 8 ; 9 pr., §§ 1-2 ; 10 pr., §§ 1-2 ; 11 ; 12 ; 13 pr., § 1 ; 14 ; 15 ; 16 pr., § 1 ; 17, §§ 2 à 4-7 ; 18 ; 19 pr., § 1 ; 20 ; 21 pr., §§ 1 à 5 ; 22 à 24 ; 25, §§ 1-2 ; 27 pr., §§ 1 à 10 ; 28 pr., §§ 1-2 ; 30 pr., §§ 1-2 ; 32 ; 33 ; 40 pr., § 3 ; 41 ; 44 ; 46 ; 47, § 1 ; 49 ; 51 pr., § 1 ; 54 à 56 ; 57 pr., § 1 ; 62. — *V.* Cod. II, 3. — De liberatione legata, D. XXXIV, 3. *V.* Instit., §§ 14 à 16, de legatis.

19º Compensation (C. civ., 1289 à 1299).

Textes corrél. C. civ. 1885. — C. pr. 131, 464.

Sources et aut. spéc. V, p, 207; Poth., n° 623 à 640, etc.

Faites-vous, au milieu des définitions différentes des auteurs, une idée exacte de l'extinction qu'amène la création d'une dette dans la personne du créancier. Distinguez la compensation facultative ou reconventionnelle de celle qui a lieu de plein droit.

Questions. V. mes *Notes*, n°s 4884, 4894, 4922, 4929.

Mat. corresp. de dr. rom. De compensationibus, Dig. XVI, 2; Cod, IV, 31; Gaïus, IV, 61 à 68; Paul, Sent. II, *v.* 3. — De eo quod certo loco, D. XIII, 4. — *V.* Instit., §§ 30 et 39 de actionibus.

20° Confusion (C. civ., 1300-1301).

Textes corrél. C. civ, 1209, 2035.

Sources et aut. spéc. V. p. 207; Poth., n°s 605 à 612.

Généralisez l'idée de confusion en l'appliquant aux droits réels. Cherchez les cas où l'extinction est comme non avenue.

Questions. V. mes *Notes*, n° 4939.

Dr. rom. De solutionibus, de fidejussor. *passim.* V. Pothier, Pand., *ib.*, n°s 119 à 133.

21° Perte de la chose due (C. civ., 1302-1303).

Textes corrélatifs. C. civ., 615, s., 624, 1042, 1138, 1182, 1193 à 95, 1205, 1245, 1647, 1808 à 11, 1867, 1881, s., 1929.

Sources et aut. spéc. V. p. 207. Poth., nᵒˢ 649 à 670, etc.

Énumérez les événements assimilés à la destruction de la chose. Quel est le résultat de la perte arrivée par le fait sans la faute?

Questions. V. mes *Notes*, nᵒˢ 4951, 4956; — 4393 A², 4951, 5464.

Dr. rom. De verbor. oblig.; De solutionib., *passim.* V. Pothier, *ib.*, nᵒˢ 104 à 118.

22° Rescision des contrats (C. civ., 1304 à 1314).

Textes corrél. C. civ., 225, 484, 840, 1124, 1338 à 1340, 1926, 2125.

Sources. V. p. 207. Ordonn. 1510, 46 et 58; 1525, 29 et 30; 1539, 134 (Villers-Coterets); 1673.

Aut. spéc. V. p. 207; Fréd. Duranton (Revue Fœlix, 1843), Solon.

Tâchez de vous faire une opinion personnelle sur la valeur des actes du mineur non assisté et de ceux du tuteur, produisant lésion, sauf à soutenir que la question est insoluble.

Questions. V. mes *Notes*, nᵒˢ 4969, 4974; — 1046 A², 3171, 4094, 4968, 4969 A².

Mat. corresp. de dr. rom. De minoribus, Dig., IV, 4; Cod. II, 22 à 46.

23ᵇ Notions générales sur la preuve
(C. civ., 1315, 1316).

Textes corrél. C. civ., 1781; 1808, 1809.

Sources. Loi 1, Cod., De probat.; 4, Cod., De edendo ; Pothier (Obl., n° 729 ; Constit. de rente, n° 155).

Auteurs spéciaux sur l'ensemble des preuves. Bentham, Bonnier, Desquiron, Gabriel, Mittermayer, Robernier (Propriété).

Généralisez le principe du Code, en l'étendant aux droits réels, et déduisez-en les conséquences. Distinguez la preuve du droit de celle du fait.

Questions. V. mes *Notes*, n°s 4187, 5029 ; — 5220 A ; — 1220 A², 1221 A².

Dr. rom. De probationibus, Dig., XXII, 3 ; Cod., IV, 19.

24° Preuve littérale (C. civ., 1317 à 1340).

Textes corrél. C. civ., 45, 46, 695, 1410, 1743, 2102-1°.

Sources. V. n° 23°. Poth., n°s 731 à 780, etc. Déclar. 22 sept. 1733.

Aut. spéc. V. p. 207 et n° 23°. Plasman (Contre-lettres). — (Actes privés) Biret, Frémy-Ligneville, Malepeyre, Pivert. V. la polémique de Toullier et Ducaurroy, sur les ayants-cause (Thémis, tomes III, V, VIII, p. 158).

Comparez, sous le plus grand nombre de points de vue possibles, les actes authentiques et privés. Énumérez les diverses catégories d'écrits probatoires.

Questions. V. mes *Notes*, n°ˢ 347, 1147, 5064, 5081, 5088, 5101, 5123, 5149, 5179, 5192, 5202 ; — 4644 A^2, 5051, 5112, 5179, 5212 A^2.

Mat. correspond. de dr. rom. De fide instrumentorum, Dig., XXII, 4 ; Cod., IV, 21. — De lege Cornelia de falsis, Dig., XLVIII, 10 ; Cod., IX, 22. — Novelles 44 et 73.

25° Preuve testimoniale (C. civ.,1341 à 1348).

Textes corrélatifs. C. civ., 46, 198, 323, 324, 341, 1715, 1834, 1950. — C. pr., 252, s. — C. com., 41, 109.

Sources. V. n° 23°. Poth., n°ˢ 785 à 816, etc. Ordonn. de Moulins, 54 ; de 1667, XX ; Boiceau, annoté par Danty.

Aut. spéc. V. p. 207 et 220. — Desquiron.

Dégagez de l'art. 1341 le vrai principe de la matière (compar. art. 1348); ne confondez pas l'exclusion de la preuve vocale avec la nullité du contrat.

Questions. V. mes *Notes,* n°ˢ 354, 5226 ; — 1220 A^2; 5112, 5179, 5269-1° à 3° A^2.

Mat. correspond. de dr. rom. De testibus, Dig., XXII, 5 ; Cod., IV, 20.

26° Présomptions (C. civ., 1349 à 1353).

Textes corrél. C. civ., 1, 312, 653, 720, 911, 1100, 1282-83, 1908.

Sources et aut. spéc. V. p. 207 et 220. Poth., n°s 840 à 909, etc.

Rassemblez les nombreuses présomptions admises par le Code, et classez-les mieux que ne le fait l'art. 1350. Creusez surtout la présomption de la chose jugée.

Questions. V. mes *Notes*, n°s 2818, 5297, 5304, 5313 ; — 5297-1° à 3° A².

Mat. corresp. de dr. rom. De exceptione rei judicatæ, Dig., XLIV, 2 ; Cod., VII, 56 ; Gaïus, IV, 103 à 111 ; Instit., § 5, De except.

Distinguez l'exception *Rei in judicium deductæ* de l'exception *Rei judicatæ.*

27° Avéu de l'adversaire (C. civ., 1354 à 1356).

Textes corrél. C. civ., 1337, 1781. — C. pr. 324, s.

Sources et aut. spéc. V. p. 207 et 220. Poth., n°s 831 à 838, etc.

Distinguez l'assertion, de l'aveu ; l'aveu verbal, de l'acte récognitif.

Questions. V. mes *Notes*, n°s 4187, 5326 ; — 5220 A.

Mat. corresp. de dr. rom. De confessis, Dig., XLII, 2 ; Cod., VII, 59 ; — De interrogationibus, D., XI, 1.

28° Serment (C. civ., 1357 à 1369).

Textes corrél. C. civ., 1715, 2275. — C. pr., 120. — C. com., 189.

Sources. Poth. (n°ˢ 913 à 932, etc.)

Aut. spéc. V. p. 207 et 220. J. B. S.-P. (Réflex. sur le serm.)

Distinguez le serment promissoire du serment probatoire. Examinez jusqu'à quel point l'on peut opposer le serment aux preuves ordinaires et les preuves ordinaires au serment.

Questions. V. mes *Notes*, n°ˢ 5349, 5373, 5403.

Mat. corresp. de dr. rom. De jurejurando; De in litem jurando, Dig., XII, 2, 3; Cod., IV, 1; III, 53.—Instit., § 11, De actionibus; § 4, De exceptionibus.

Sources des obligations
(C. civ., 1370, 1371).

Sources. Poth., n°ˢ 113 à 115. Instit., § 2, De obligat.

Auteurs spéc. V. p. 207. Ducaurroy.

Comparez la division du Code (1370-2°) avec celle des Institutes. Définissez les diverses sources. Essayez, s'il est possible, de cataloguer tous les événements susceptibles d'être qualifiés quasi-contrats, *lato sensu.*

Questions. V. mes *Notes*, n°ˢ 5422, 5429; — 5424 A; — 153 A², 5422, 5429 A².

Gestion d'affaires (C. civ., 1372 à 1375).

Textes corrél. C. civ., 1119, s., 1165, 1864.

Sources. Pothier (Mandat, n°ˢ 167 à 228; Appendice); Domat (liv. II, tit. 4).

Auteurs spéc. V. p. 207.

Comparez la gestion avec le mandat. Énumérez les obligations respectives des parties.

Questions. V. mes *Notes*, n°ˢ 5440, 5450, 7885.

Mat. corresp. de dr. rom. De negotiis gestis, Dig., III, 5; Cod., II, 19.

Payement de l'indu (C. civ., 1376 à 1381).

Textes corrél. C. civ., 1186, 1235, 1488, 1490.

Sources. Pothier (Prêt de consomption, n°ˢ 132 à 175; 3ᵉ partie); Domat (liv. II, 7).

Auteurs spéc. V. p. 207.

Comparez l'effet du payement indu, quant au transport de la propriété, en droit romain et en droit français. Déterminez les obligations respectives des parties.

Questions. V. mes *Notes*, n°ˢ 4409, 5454, 5455, 5460, 5464, 5468, 5471; — 4623 A², 5455, 3° à 4°, 5464 A².

Mat. corresp. de dr. rom. De condictione indebiti, Dig., XII, 6; Cod., IV, 5; De juris et facti ignorantia, D., XXII, 6; Cod., I, 18. Paul. Sentent. I, 19.

Délits et quasi-délits (C. civ., 1382 à 1386).

Textes corrél. C. civ., 1310, 1348, 1424,

2046. — C. com., 216, 217. — C. instr. crim., 1 à 7, 635 à 643.

Sources. Pothier (Obligat., n°ˢ 117 à 122, 453 à 456, etc.), Domat (liv. II, tit. 8).

Auteurs spéc. V. p. 207. Sourdat.

Étudiez la notion du délit et du quasi-délit. Comparez à cet égard les diverses doctrines des interprètes du droit romain.

Questions. V. mes *Notes*, n°ˢ 5478, 5492, 5494.

***Mat. corresp.** de dr. rom.* De privatis delictis ; De furtis, Dig., XLVII, 1 et 2 ; (Cod., IV, 2) ; De bonis vi raptis, ib., 8, Ad legem Aquiliam, IX, 2, s., Cod., III, 35 ; De injuriis et famosis libellis. Dig., XLVII, 10 ; Cod., IX, 35, 36 ; — Instit., IV, 1 à 4 ; Gaïus, III, 182 à 225.

Si quadrupes ; De his qui effuderint ; De noxalibus actionibus. D., IX, 1, 3, 4 ; Cod., III, 4 ; Nautæ, caupones, D., IV, 9 ; Furti adversus nautas, D., XLVII, 5. Instit. IV, 5.

De damno infecto, D., XXXIX, 2 [1].

Conventions pécuniaires entre époux
(livre III, tit. 5.)

Sources de l'ensemble. 1° Communauté. Pothier, Lebrun, Renusson. Coutumes de Paris, d'Orléans, etc.

---

[1] Ici l'École ajoute le titre *De operis novi nunciatione,* Dig. XXXIX, 1.

2° Régime dotal. Droit romain ; jurisprudence des pays de droit écrit.

Auteurs spéciaux sur l'ensemble. Battur, Bellot des Minières, Bernardi, Biret, Carrier, Commaille, Odier, Rodière et Pont. — (Histoire) Ginoulhiac, Hébert, Marcel.

1° Limites et formes des conventions matrimoniales
(C. civ., 1387 à 1399).

Textes corrél. C. civ., 947, 959, 1095, 1309, 2140, s. — C. com., 67 à 69. — Loi 10 juill. 1850.

Sources. V. p. 225. Pothier, préface.

Auteurs spéc. Plasman (Contre-lettres).

Cherchez en quoi la liberté de stipuler est plus ou moins restreinte pour des époux que pour d'autres. Comparez les divers régimes et étudiez leurs caractères distinctifs.

Questions. V. mes *Notes*, n°ˢ 5523, 5543, 5548, 5559, 8656 ; — 5510 A² [1].

2° Composition de la communauté
(C. civ., 1400 à 1420).

Textes corrél. C. civ., 124, 1433, 1837-38.

Sources et auteurs spéc. V. p. 225. Poth., n°ˢ 24 à 277, n° 675.

Énumérez les droits qui tombent dans l'actif, et les dettes qui tombent dans le

---

[1] La lettre A indique les additions placées dans les pages 836 et suiv.; la lettre A² indique des additions placées dans les pages 877 et suiv.

passif, en distinguant celles qui sont définitivement à la charge de la communauté, de celles qui donnent lieu à récompense.

Questions. V. mes *Notes*, n°s 5588, 5594, 5617, 5621, 5634, 5653.

Mat. analog. de dr. rom. Communi dividundo, Dig., X, 3; Pro socio, XVII, 2; De usufructu, VII, 1 ; De peculio, de in rem verso, XV, 1, 3.

3° Administration de la communauté
(C. civ., 1421 à 1440).

Textes corrél. C. civ., 124, 1595, 2066, 2135, 2208, 2254. — Loi 31 mai 1854.

Sources. V. p. 225. Pothier, n°s 467 à 502, 584 à 674.

Le mari est-il propriétaire exclusif de la communauté? La femme n'y a-t-elle aucun droit? L'obligent-ils par leurs délits? Cherchez le fondement de la théorie des récompenses.

Questions. V. mes *Notes*, n°s 5670, 5675, 5683 , 5684, 5688, 5698; — 636 A^2, 657, 5726 A^2.

4° Dissolution de la communauté (C. civ., 1441 à 1452).

Textes corrél. C. civ., 129, 311. — C. pr., 865, s. — Loi 31 mai 1854.

Sources. V. p. 225. Pothier, n°s 503 à 529.

Auteurs spéc. V. p. 226. Paul (Droit du

mari et de ses créanc.), Dutruc, Cubain, Vavasseur.

L'absence dissout-elle la communauté ? Quel est l'effet de la séparation de biens à l'égard des créanciers des époux ? En quoi modifie-t-elle la capacité de la femme ?

Questions. V. mes *Notes*, nᵒˢ 5759, 5768, 5775, 5781, 5793, 5800 ; — 5763 A², 5920-1º et 2º A².

Droit rom. V. p. 227. Soluto matrimonio, Dig., XXIV, 3 ; Cod. V, 13, 18, 19.

5º Acceptation ou répudiation de la communauté (C. civ., 1453 à 1466, 1492 à 1495).

Textes corrél. C. civ., 778 à 792, 794 à 800. — C. pr., 174. — Loi 31 mai 1854.

Sources et auteurs spéc. V. p. 225. Poth., nᵒˢ 530 à 576.

Comparez ces articles avec les règles correspondantes en matière de succession.

Questions. V. mes *Notes*, nᵒˢ 5832, 5839, 5846, 5857 ; — 8557 A².

6º Partage de la communauté (C. civ., 1467 à 1491, 1496).

Textes corrél. C. civ., 781, 782, 802, s., 815, s., 2103-3º, 2109. — C. Com., 557, s.

Sources et auteurs spéc. V. p. 225. Poth., nᵒˢ 681 à 768 ; 577 à 581.

Revoyez les règles sur le partage des successions et méditez surtout la répartition des dettes entre les époux.

Questions. V. mes *Notes*, n°s 5896, 5920, 5928, 5934, 5973 ; — 5920 A^2.

7° Communauté conventionnelle (C. civ., 1497 à 1528).

Textes corrél. C. civ., 1401, s., 1409, s., 1474. — Loi 31 mai 1854.

Sources et auteurs spéc. V. p. 225. Poth., n°s 278 à 460.

Rattachez les diverses clauses à une ou plusieurs idées générales. Comparez-les les unes aux autres, et cherchez l'intérêt pratique de chacune.

Questions. V. mes *Notes*, n°s 5987, 5992, 6003, 6012, 6026, 6033, 6043, 6054, 6059, 6065, 6085 ; — 6033 A^2.

Dr. rom. V. p. 227.

8° Conventions exclusives de la communauté
et du régime dotal (C. civ., 1529 à 1539).

Textes corrél. C. civ., 1448 à 1450, 1540 à 1573, 1574 à 1581.

Sources et auteurs spéc. V. p. 225. Poth., n°s 461 à 466.

Rapprochez du régime sans communauté les principes de l'usufruit et ceux du régime dotal. Rapprochez du régime de séparation les règles sur la séparation de biens judiciaire et sur les biens paraphernaux.

Questions. V. mes *Notes*, n°s 6126, 6134, 6309 ; — 6112 A^2, 6116, 6118, 6126 A^2.

Dr. rom. V. p. 227 et 230.

9° Régime dotal (C. civ., 1540 à 1581).

Textes corrélatifs. C. civ., 311, 1536 à 39, 2255. — C. pr. 997. — C. com., 7.

Sources. V. p. 225, Roussilhe.

Auteurs spéc. V. p. 225. Benoît (Dot, biens paraph.), Bellot des Minières, Bénech (Remploi), Hébert, Hombert, Marcel, Seriziat, Tessier.

Tâchez de trouver s'il est un caractère distinctif qui sépare le régime dotal du régime sans communauté. Énumérez les cas d'aliénabilité des immeubles dotaux et les divers modes de restitution selon la nature des biens. Rapprochez les règles de la séparation de biens, des articles sur les biens paraphernaux.

Questions. V. mes *Notes*, n°s 6160, 6180, 6188, 6204, 6212, 6231, 6251, 6268, 6285, 6286, 6295, 6309, 6320; — 2905 A^2, 6164.

Mat. correspond. de dr. rom. De jure dotium, De pactis dotalibus, De fundo dotali, Dig., XXIII, 3, 4 et 5; Cod., V, 11, 12, 14, 15, 23; Soluto matrimonio, D., XXIV, 3; Cod., V, 18; De rei uxoriæ actione, Cod., V, 13; De impensis in rem dotalem, D., XXV, 1; De dote prælegata, D., XXXIII, 5. — Ulp. VI; Fragm. Vaticana, 114 à 122.

V. Instit. pr., Quibus alienare, §§ 29 et 37, De actionibus.

M. Pellat a publié un commentaire sur le titre De jure dotium.

Vente (liv. III, tit. 6).

Sources de l'ensemble. Droit romain, Pothier (Vente) ; Domat (liv. I, tit. 2).

Auteurs spéciaux sur l'ensemble. Duvergier, Genreau.

1° Principes généraux de la vente (C. civ., 1582 à 1601).

Textes corrél. C. civ., 457, 484, 805, 806, 1062, s., 1138, 1421, s., 1554, s., 1704, 1860, 2059, 2182. — C. pr. 686. — C. com., 109. — Lois du 25 juin 1841, 23 mars 1855.

Sources. Poth., n°s 1 à 39 ; 269 à 275, 307 à 311, 476 à 509.

Examinez jusqu'à quel point la translation de la propriété est de la nature de la vente ; si, pour l'opérer, la transcription ou la tradition sont nécessaires (V. *loi* de 1855) ; s'il est vrai de tout point que la vente de la chose d'autrui soit nulle.

Questions. V. mes *Notes*, n°s 3360, 4233, 4238, 6339, 6345, 6351, 6356, 6361, 6384, 6390, 6397, 6409 à 6411 ; — 1581 A^2, 1811, 1955, 4010, 4789, 6357, 6806, 9069 A^2.

Mat. corresp. de dr. rom. De contrahenda emptione ; De periculo et commodo, Dig., XVIII, 1, 6 ; Cod., IV, 38, 40, 48 ; — Instit., III, 23 ; Gaïus, III, 139 à 141.

2° Obligations du vendeur et de l'acheteur
(C. civ., 1602 à 1657).

Textes corrél. C. civ., 884, s., 1184, 1845, 2102-4°, 2103-1°, 2108. — C. pr., 175, s. — Lois 20 mai 1838; 23 mars 1855, 7.

Sources. V. p. 231. Poth., n°s 40 à 306; 458 à 475.

Auteurs spéc. V. p. 231. Arbaud, Chavot, Galisset et Mignon, Huzard et Harel, Lavenas.

Cherchez quelle est aujourd'hui la portée de l'obligation de délivrer; en quoi la garantie varie, selon que la chose augmente ou diminue de valeur; en quoi la loi de 1838 modifie ou laisse subsister les articles sur les vices rédhibitoires; jusqu'à quel point on peut rendre la vente résoluble de plein droit.

Questions. V. mes *Notes*, n°s 6409, 6439, 6462, 6465, 6482, 6494, 6498, 6537, 6548, 6569, 6584, 6607, 6622; — 1956 A^2, 4789, 5920, 6513, 6520 A^2.

Mat. corresp. de dr. rom. De actionibus empti, Dig., XIX, 1; Cod. IV, 49; De ædilitio edicto, D., XXI, 1; Cod., IV, 58; De evictionibus, De exceptione rei venditæ, D., XXI, 1 et 3; Cod., VIII, 45; De lege commissoria; De in diem addictione, D., XVIII, 3, 2; De pactis inter emptorem, Cod., IV, 54.

3° Vente à réméré (C. civ., 1658 à 1673).

Textes corrél. C. civ., 1038, 1676, 1751, 2125.

Sources et auteurs spéc. V. p. 231, Poth., n°ˢ 385 à 444.

Cherchez en quoi le réméré diffère de l'achat d'une chose qu'on avait précédemment vendue. Étudiez l'effet du réméré à l'égard des constitutions de droits réels et des baux consentis par l'acheteur.

Questions. V. mes *Notes*, n°ˢ 6633, 6651, 6658, 6680; — 2398 A^2, 4393, 6633 A^2.

Droit rom. V. loi 12, Præscriptis verbis, Dig., XIX, 5; loi 2, De pactis inter emptorem, Cod., IV, 54.

4° Rescision de la vente pour lésion
(C. civ., 1674 à 1685).

Textes corrél. C. civ., 887, s., 1118, 1706; — C. pr., 302, s.

Sources et auteurs spéc. V. p. 231. Poth., n°ˢ 330 à 384.

Cherchez les motifs qui ont fait admettre la rescision dans certains cas, et l'ont fait exclure dans d'autres. Étudiez les obligations qui en résultent à l'égard de la chose, périe ou non, et de ses fruits, du prix et des intérêts.

Questions. V. mes *Notes*, n°ˢ 6884, 6696, 6703, 6714.

20.

Droit rom. De rescindenda venditione, Dig., XVIII, 5; Cod., IV, 44.

5° Licitation (C. civ., 1686 à 1688).

V. p. 194. — Poth., n°ˢ 515, 637 à 644.

6° Vente de créances, d'hérédité et de droits litigieux (C. civ., 1689 à 1701).

Textes corrél. C. civ., 450, 780, 841, 1717, 2112, 2152, 2214.

Sources et auteurs spéc. V. p. 231. Poth., n°ˢ 524 à 599.

Développez les conséquences de la nécessité de signifier le transport des créances, et comparez les règles sur l'endossement des effets de commerce. Éclairez les articles sur la vente d'hérédité par le droit romain.

Questions. V. mes *Notes*, n°ˢ 6740, 6752, 6768, 6769, 6774, 6778, 6782, 6788, 6794, 6799, 6800; — 1573 A^2, 6747, 6752 A^2.

Droit romain. De hereditate vel actione vendita, Dig., XVIII, 4; Cod., IV, 39. — De litigiosis, D. XLIV, 6; Cod., VIII, 37.

De litterarum obligatione, Instit., 3, 21; Gaïus, III, 128 à 134. De non numerata pecunia, Cod., IV, 30; De dote cauta non numerata, Cod., V, 15.

Pothier a placé l'exception *non numeratæ pecuniæ* (v. Instit., § 2, De except.) à la suite du titre *De diversis tempor.*, D. XLIV, 3.

Échange (C. civ., 1702 à 1707).

Textes corrél. C. civ., 1407, 1559, 1934.

Sources et auteurs spéc. V. p. 231. Poth., Vente, n°s 617 à 629.

Appliquez successivement toutes les règles de la vente à l'échange, afin de découvrir les différences.

Questions. V. mes *Notes*, n°s 6806, 6817; — 6806 A^2, 6817 A^2.

Droit rom. De rerum permutatione; De præscriptis verbis; De æstimatoria, Dig., XIX, 4, 5, 3; Cod., IV, 64.

Instit., § 2, De emptione; §§ 1 et 2, De locatione. — *V.* Pothier, appendice à son traité du Louage, n°s 458 à 500.

Louage des choses (C. civ., 1708 à 1778).

Textes corrél. C. civ., 450, 481, 595, 1155, 1428 à 30, 1673, 2062, 2102-1°, 2236, s., 2277. — C. pr., 3, 49-5°, 404, 684, s., 819, s. — Loi du 23 mars 1855.

Sources. Droit romain, *passim.* Pothier, Orléans, XIX; Louage, n°s 1 à 391.

Auteurs spéciaux. Agnel, Masson, Méplain, Ferry (Revue Fœlix, 1841-42).

Comparez le louage avec les diverses dispositions constitutives de la jouissance des choses, et recherchez si le droit du preneur est réel, depuis l'art. 1743, comme le veut

M. Troplong (v. p. 61). — Énumérez les différences qui séparent le bail à loyer du bail à ferme.

Questions. V. mes *Notes*, n°s 6834, 6854, 6864, 6886, 6890, 6913, 6917, 6920, 6960, 6961, 6982 ; — 1621 A^2, 6853 A^2.

Mat. correspond. de dr. rom. Locati conducti, Dig., XIX, 2 ; Cod., IV, 65 ; Instit., III, 24.

Louage d'ouvrage (C. civ., 1779 à 1799).

Textes corrél. C. civ., 109, 1023, 1384, 1953, 2101-4°, 2103-4°, 2110, 2270, 2272. — C. com., 96 à 108. — C. p., 386, 408, 475, s.

Sources. Pothier, Louage, n°s 392 à 457.

Auteurs spéc., Frémy-Ligneville, Lepage, Perrin. — (Voituriers). Hilpert, Vanhuffel.

Essayez de distinguer le louage d'ouvrage du mandat salarié. Énumérez les diverses espèces de louage d'ouvrage.

Questions. V. mes *Notes*, n°s 7078, 7085, 7107, 7114, 7125, 7144, 7888 ; — 7079 A^2, 7124 A^2.

Droit rom. Locati, Dig., XIX, 2., *passim.*

Cheptel (C. civ., 1800 à 1831).

Textes corrél. C. civ., 522, 1708, s., 2062.

Sources. Coutum. de Berry, de Nivernais, etc. Pothier (Traité des cheptels) ; la

Thaumassière (sur la cout. de Berry); Coquille (sur la cout. de Nivernais).

Comparez le cheptel avec le louage et la société; et les diverses espèces de cheptel, les unes avec les autres.

Questions. V. mes *Notes*, n⁰ˢ 7147, 7153, 7179, 7180, 7183, 7189, 7231.

Dr. rom. V. lois 52, § 2, Pro socio; 13, § 1, De præscriptis verbis, etc.

Société (C. civ., 1832 à 1873).

Textes corrél. C. civ., 529, 854; — C. pr., 59; — C. com., 18 à 64; — Loi 31 mai 1854.

Sources. Droit romain; Pothier (Contrat de société, n⁰ˢ 1 à 180).

Auteurs spéc. Duvergier. V. p. 271.

Comparez la société avec la communauté et la mitoyenneté; la société civile, avec la société commerciale. Cherchez les dérogations que les art. 1832 à 1873 apportent aux principes du droit.

Questions. V. mes *Notes*, n⁰ˢ 7262, 7267, 7269, 7279, 7280, 7285, 7287, 7294, 7323, 7343, 7351, 7362, 7366, 7372, 7400, 7423, 7426; — 7337 A², 7426 A².

Mat. corresp. de dr. rom. Pro socio, Dig., XVII, 2; Cod., II, 37; Inst., III, 25; Communi dividundo, D., X, 3; Cod., III, 37.

Commodat (C. civ., 1874 à 1891).

Textes corrél. C. civ., 1293-2°.

Sources. Droit romain; Pothier (Traité du prêt à usage).

Le droit du commodataire est-il réel? Le contrat est-il réel? A quoi s'oblige le prêteur? Comparez ce contrat avec le suivant et le louage.

Questions. V. mes *Notes*, n°s 7447, 7467, 7473, 7480, 7491, 7499; — 7467 A².

Mat. correspond. de dr. rom. Commodati, Dig., XIII, 6; Cod., IV, 23; De precario, D., XLIII, 26; Cod., VIII, 9.

Prêt de consommation (C. civ., 1892 à 1904).

Textes corrél. C. civ., 587, 1238, 1247.

Sources. Droit rom.; Pothier (Traité du prêt de consomption, n°s 1 à 52).

Comparez le *mutuum* et la constitution d'usufruit sur les choses qui se consomment. Cherchez si le prêteur s'oblige.

Questions. V. mes *Notes*, n°s 7513, 7516, 7521, 7525, 7532, 7542, 7544, 7548; — 7541 A².

Mat. corresp. de dr. rom. De rebus creditis, Dig., XII, 1; Cod., IV, 2; De condictione triticaria, D., XIII, 3. De S.-C. Macedoniano, Dig. *ib.*, 6; Cod. IV, 28.

Prêt à intérêt (C. civ., 1905 à 1908).

Textes corrél. C. civ., 1153 à 55; lois 3 sept. 1807 ; 19 déc. 1850.

Sources. Pothier (De l'usure, à la suite du prêt de cons., n°s 53 à 131).

Auteurs spéc. Chardon, Cotelle, Garnier, Petit.

La faculté de prêter à intérêt est-elle rationnelle ? Est-elle rationnelle à un taux quelconque ?

Questions. V. mes *Notes*, n°s 7557, 7564, 7577, 7580.

Dr. romain. De usuris; De nautico fœnore, Dig., XXII, 1 et 2; Cod., IV, 32, 33. *V.* ci-dessus, p. 238.

Constitution de rente (C. civ., 1909 à 1914).

Textes corrél. C. civ., 529-30, 872, 886, 1567, 1968, s., 2277 ; — C. pr., 636, s. ; — Loi 18 déc. 1790.

Sources. Pothier (Constit. de rente, n°s 1 à 214).

Auteurs spéc. J. B. S.-P. (Rembours. des rentes), Dufour, Fœlix, Jourdan (Thémis, V, 321).

De quelle nature est l'obligation du débirentier ? Cherchez en quoi sont modifiées les anciennes rentes foncières. Le contrat d'emphytéose est-il valable ?

Questions. V. mes *Notes*, n°ˢ 7596, 7600, 7604 ; — 62 A², 7596 A².

Dr. romain. De jure emphyteutico, Cod., IV, 65 ; Si ager vectigalis, Dig., VI, 3 ; De superficiebus, Dig., XLIII, 18. — Novelle 120, ch. 8. *V.* les principes généraux de M. Pellat, les dissertations de MM. Vuy et Pepin-Lehalleur.

Dépôt (C. civ., 1915 à 1963).

Textes corrél. C. civ., 602, 1293-2°, 1348, 2060-1°, 2236.

Sources. Dr. rom.; Pothier (Traité du dépôt).

Auteurs spéc. Farine (Aubergistes).

Comparez le dépôt volontaire et le dépôt nécessaire; le dépôt et le séquestre. Combinez le Code de procédure avec les articles sur le séquestre judiciaire.

Questions. V. mes *Notes*, n°ˢ 7620, 7623, 7627, 7637, 7645, 7651, 7690, 7694, 7705, 7713, 7739, 7743, 7744, 7751, 7772, 7779; — 7714 A.

Mat. correspond. de dr. rom. Depositi, Dig., XVI, 3; Cod., IV, 34; Nautæ caupones, D., IV, 9; Furti adversus nautas, D., XLVII, 5.

Contrats aléatoires (C. civ., 1964 à 1967).

Textes corrél. C. civ., 1104; — C. Com., 311 à 395.

Sources. Droit rom., Pothier (Contrat de jeu).

Cherchez le motif qui fait refuser une action contre le perdant; est-il naturellement obligé? Énumérez les contrats qui ont quelque chose d'aléatoire.

Questions. V. mes *Notes*, nᵒˢ 7794, 7803, 7808.

Dr. rom. De aleatoribus, Dig., XI, 5; Cod., III, 43.

Rente viagère (C. civ., 1968 à 1983).

Textes corrél. C. civ., 529, 584, 588, 917, 918, 1015, 2277; — loi 31 mai 1854.

Sources. Pothier (Constitut. de rente, nᵒˢ 215 à 259).

Examinez si les arrérages de la rente viagère sont des fruits ou des portions de capital. Comparez avec la rente perpétuelle.

Questions. V. mes *Notes*, nᵒˢ 7815, 7820, 7834, 7839, 7843; — 5726 A².

Droit rom. V. Instit., § 3, De verborum oblig.; loi 68, Ad leg. Falcid.; De annuis legatis, Dig., XXXIII, 1; etc.

Mandat (C. civ., 1984 à 2010).

Textes corrél. C. civ., 419, 450, 1372 à 75, 1596; — C. pr., 75, s.; — loi 31 mai 1854.

Sources. Droit romain; Pothier (Traité du contrat de mandat, nᵒˢ 1 à 166).

Cherchez la vraie définition du mandat; essayez de distinguer le mandat salarié du louage. Étudiez surtout les rapports du mandant ou du mandataire avec les tiers. Énumérez les diverses catégories de mandataires ou préposés. V. C. com., 91, s.

Questions. V. mes *Notes*, nos 7885, 7888, 7903, 7906, 7924, 7948; — 7869 A, 3368 A^2.

Mat. correspond. de dr. rom. Mandati, Dig., XVII, 1; Cod., IV, 13; De institoria, De exercitoria, D., XIV, 1, 3; Cod., IV, 25; Quod jussu, D., XV, 4; De procuratoribus, D., III, 3, Cod., II, 13. — Gaïus, IV, 82 à 87; Vaticana fragm., 317 à 341; Instit., III, 26; IV, 7 et 10.

Cautionnement (C. civ., 2011 à 2043).

Textes corrél. C. civ., 16, 120, 124, 601, 626, 771, 807, 1252, 1287, s., 1294, 1301, 1365, 1518, 1613, 1653, 2185-4°, 2250. C. pr., 517, s.; — C. com., 155.

Sources. Droit rom., Pothier (Obligations, nos 366 à 444, etc.); Domat (liv. III, tit. 4).

Auteur spéc. Ponsot. V. p. 212.

Comparez le cautionnement avec les divers autres contrats accessoires. Analysez les trois espèces de rapports qui en résultent.

Questions. V. mes *Notes*, nos 8006, 8028, 8036, 8060, 8076, 8079, 8081, 8107, 8120, 8205; — 8087 A; — 62 A^2, 9228 A^2.

Mat. correspond. de dr. rom. Dë fidejus-
soribus, Dig., XLVI, 1; Cod., VIII, 41;
Instit., III, 20; Gaïus, III, 115 à 127. —
De constituta pecunia, Dig., XIII, 5; Cod.,
IV, 18. — Instit. § 8, De action. — Ad S.-C.
Velleianum, Dig., XVI, 1; Cod., IV, 29. —
Novelles 4 et 99.

Transaction (C. civ., 2044 à 2058).

Textes corrél. C. civ., 467, 472, 499,
513, 888, 1109, s., 1988, s. — C. pr., 249,
480, 541.

Sources: Droit romain; Domat, livre I,
tit. 18.

Auteurs spéc. Marbeau, Rigal; J. B. F. M.
1824.

Précisez l'obligation qui résulte de la transaction. Comparez ses effets avec ceux de la
chose jugée.

Questions. V. mes *Notes*, n°s 8133, 8146,
8169, 8174; — 1685 A^2.

Mat. corresp. de dr. rom. De transactio-
nibus, Dig., II, 15; Cod., II, 4; De receptis
et qui arbitrium recep., Dig., IV, 8; Cod.,
II, 56.

Contrainte par corps (C. civ., 2059 à 2070).

Textes corrél. C. civ., 1265 à 70, 1945,
2040, 2136; — C. pr., 126, 127; 780 à 805;
— C. pén., 52; — lois 17 avril 1832, 13 déc.
1848.

Sources. Ordonn. 1667, tit. 34; loi 15 germinal an VI; Pothier (Procéd. civile, V[e] partie, ch. 1).

Auteurs spéc. Bayle-Mouillard, Cadrès, Coin-Delisle, Durand (1850), Duverdy, Fœlix, Fournel, Lepargneux, de la Marsonnière, Maugeret.

Cherchez la définition du stellionat; ramenez à un petit nombre les cas de contrainte par corps. Suivez les variations législatives sur cette matière. Recherchez jusqu'à quel point il conviendrait d'abolir l'emprisonnement pour dettes. V. mon *Dr. constit.*, n° 418[1].

Questions. V. mes *Notes*, n°s 7713, 8186, 8203, 8204, 8205, 8215-1°, 8230, 8239; — 7714 A; — 8231, 9069 A[2].

Dr. rom. Stellionatus, Dig., XLVII, 20. V. Pothier, Pandectes, XLII, 1, n° 46.

Nantissement (C. civ., 2071 à 2091).

Textes corrél. C. civ., 1286, 2041, 2102-2°. — C. com., 546 à 551.

Sources. Droit romain; Pothier (Traité du nantissement).

Cherchez en quoi consiste le droit réel de gage; si le créancier peut revendiquer la chose engagée sortie de ses mains; en quoi

[1] Le créancier qui conclut à l'emploi de la contrainte par corps devrait être tenu, selon moi, de donner la preuve ou des indices suffisants des valeurs qu'il prétend cachées par le débiteur à son détriment.

l'antichrèse du Code diffère de l'antichrèse des anciens; si elle constitue un droit réel.

Questions. V. mes *Notes*, n°s 4047, 8251, 8256, 8261, 8267, 8272, 8276, 8283, 8297, 8298, 8306, 8334, 8338, 8344.

Mat. correspond. de dr. rom. (Droit personnel). De pigneratitia actione, Dig., XIII, 7; Cod., IV, 24; Instit., § 3, Quib. modis re.

(Droit réel). De pignoribus; Quæ res pignori; Qui potiores in pignore; De distractione pignor.; Quibus modis pignus solvitur, D. XX, 1, 3 à 6; — Etiam ob chirograph., Cod., VIII, 27; — Instit., § 7, De action.; § 1, Quibus alienare.—*V.* le Code, VIII, 14 à 35; traité de Schilling, traduit par M. Pellat.

Priviléges et hypothèques (liv. III, tit. 18).

Sources de l'ensemble. Droit romain; ordonnances; loi du 11 brumaire an VII; Pothier, *passim;* Basnage.

Auteurs spéciaux sur l'ensemble. Battur, Baudot, Carrier, Commaille, Cotelle, Despréaux (Dictionnaire), Favard, Grenier, Guichard, Hervieu, Pannier, Persil, Valette (non terminé), Vauvilliers.

1° Priviléges (C. civ., 2092 à 2113).

Textes corrél. C. civ., 867, 878, s., 1248, s., 1673, 1749, 1753, 1798, 1948, 2073, 2202; — C. pr., 657, 661, s., 714, 768; — C. com., 192, s.—L. 23 mars 1855.

Sources. Pothier (Orléans, XX., n° 116 à 129 ; Proc. civile, IVe partie, ch. 2, etc., etc.).

Auteurs spéc. Thémis, VI, 130, 248 ; H. Blondeau, Hureaux, Valette.

Comparez la classification des créanciers en droit français et en droit romain. Complétez la liste des priviléges indiqués par le Code. Faites-vous un système, pour le cas de concours des privilégiés entre eux.

Questions. V. mes *Notes,* n°s 8363, 8375, 8399, 8404, 8424, 8430, 8437, 8441, 8454, 8460, 8461, 8464, 8470, 8475, 8480, 8486, 8494, 8501, 8505, 8508, 8511 à 8513 ; — 3125, 4789, 8430, 8441, 8449, 8470, 8511A².

Mat. correspond. de dr. rom. De rebus auctorit. jud. (*ou* De privilegiis creditorum), Dig., XLII, 5 ; Cod., VII, 72 ; De separationibus, D., *ib.*, 6. In quibus causis pignus tacite contrahitur, D., XX, 2 ; Cod., VIII, 15.

2° Nature et constitution de l'hypothèque
(C. civ., 2114 à 2133).

Textes corrél. C. civ., 878, s., 1017, 1248, s., 1278, s., 2113. — C. pr., 546, s. — C. com., 6, 446. — Loi du 3 septembre 1807 (bull. n° 2741).

Sources. Loi 11 brumaire an VII ; Pothier (Hypothèques ; Orléans, XX).

Auteurs spéc. V. p. 245. Thémis, VI, 20. Berthauld.

Complétez la définition de l'hypothèque

par le Code; étudiez ses caractères, en la comparant avec l'hypothèque du droit romain ; cherchez si toutes les créances de la femme sont garanties par son hypothèque ; complétez la liste des hypothèques légales. Examinez jusqu'à quel point les jugements produisent hypothèque; mesurez la portée du principe de la spécialité et de la règle qui défend d'hypothéquer les biens à venir.

Questions. V. mes *Notes*, n°ˢ 8542, 8544, 8553, 8569, 8572, 8575, 8583, 8606, 8612, 8615, 8619 ; — 5297 A², 8527, 8542, 8557.

Mat. correspond. de dr. rom. De pignoribus, In quib. causis tacite, Quæ res pignori, Dig., XX, 1 à 3 ; Cod., VIII, 14 à 17 ; — Instit., § 7, De actionibus. — *V.* Schilling traduit par M. Pellat.

3° Rang des hypothèques (C. civ., 2134 à 2145).

Textes corrélat. C. civ., 2059. — Avis du Conseil d'État, 1ᵉʳ janv. 1807, 8 mai 1812.

Sources et auteurs spéc. V. p. 245.

Cherchez les motifs de la publicité et des restrictions qu'elle souffre. Rapprochez les règles de la réduction de celles sur la restriction des hypothèques de la femme et du mineur. V. loi 23 mars 1855, 8 et 9.

Questions. V. mes *Notes*, n°ˢ 8626, 8634 à 8636, 8641, 8646, 8656, 8670 ; — 8768 A².

Mat. corresp. de dr. romain. Qui potiores in pignore, Dig., XX, 4 ; Cod., VIII, 18.

4º Inscription des hypothèques (C. civ., 2146 à 2165).

Textes corr. C. civ., 2196 à 203. C. pr., 772. C. com., 448. — Avis du Conseil d'État, 15 déc. 1807, 11 déc. 1810.

Sources. Loi du 11 brumaire an VII.

Auteurs spéc. V. p. 245. Baudot, Collas.

Cherchez quelles sont, parmi les formalités qui constituent l'inscription, celles qui sont essentielles, et celles dont l'omission n'entraîne pas nullité. Examinez jusqu'à quel moment le créancier peut s'inscrire pour conserver le droit de préférence. — Comparez la radiation à l'extinction, et la réduction à toutes deux.

Questions. V. mes *Notes*, nᵒˢ 8679, 8700, 8717, 8726, 8755 ; — 8768 A².

5º Effet des hypothèques contre les tiers-détenteurs (C. civ., 2166 à 2179).

Textes corrélatifs. C. civ., 875, 1251 ; — C. pr., 834. — Loi du 23 mars 1855.

Sources et auteurs spéc. V. p. 245.

Étudiez c. proc., 834, et la loi de 1855. Cherchez quel est le véritable effet du délaissement ; quelle est la portée du recours accordé au tiers détenteur.

Questions. V. mes *Notes*, nᵒˢ 8789, 8796, 8808, 8809, 8824, 8829, 8833, 8841, 8846, 8847, 8851 ; — 8787 A², 8816 A².

Droit rom. De pignoribus, Dig., XX, 1; Cod., VIII, 14; De distractione pign. D. XX, 5; Cod., VIII, 28.

6° Extinction des hypothèques (C. civ., 2180).

Textes corrélat. C. civ., 1278, s., 1300, 1302.

Sources et auteurs spéc. V. p. 245. Poth. (Orl. XX, n°ˢ 60, 61).

Complétez le texte par Pothier. Étudiez la prescription appliquée à l'hypothèque pendant que la créance subsiste.

Questions. V. mes *Notes*, n°ˢ 8866, 8868; — 4817 A², 8867 A².

Droit rom. Quibus modis pignus solvitur, Dig., XX, 6; De luitione pign.; De remissione pign., Cod., VIII, 26, 31.

7° Purgement des hypothèques (C. civ., 2181 à 2195).

Textes corrélat. C. civ., 2180. — C. pr., 832, s.; — loi 3 mai 1841, 13 à 20; loi 23 mars 1855; — Avis du Cons. d'État, 9 mai 1807, 5 mai 1812.

Sources. Loi du 11 brumaire an VII.

Auteurs spéc. V. p. 245. Bénech. F. B. (Saisie immob.). — Josseau (Crédit foncier).

Conciliez la faculté de purger avec le principe qui défend de dessaisir quelqu'un de son droit malgré lui. Analysez la procédure au point de vue du tiers détenteur; puis au point de vue des créanciers hypothécaires. Étudiez le concours des créanciers inscrits avec les créanciers dispensés d'inscription.

Questions. V. mes *Notes*, nᵒˢ 8879, 8880, 8934, 8941, 8970, 8978 à 8980. — B.-S.-P. *Cours proc.*, p. 723, s., refondues par F. B.

8ᵘ Publicité des registres (C. civ., 2196 à 2203).

Textes corrélat. C. civ., 45, 2106, 2134. — C. pr., 834. — Lois 21 vent. an VII; 23 mars 1855; avis Cons. d'État, 16 déc. 1810.

Sources. Loi du 11 brumaire an VII; v. édit de mars 1673.

Étudiez l'effet du certificat négatif, d'après l'art. 834 (C-pr.), et la loi de 1855.

Questions. V. mes *Notes*, nᵒ 8995.

Expropriation forcée
(C. civ., 2204 à 2218).

Textes corrélatifs. C. civ., 2092, 2118; — C. pr., 673 à 779. — Loi 14 nov. 1808.

Sources. V. 2ᵉ loi du 11 brum. an VII; ordonn. de 1667, XXVII; Pothier (Hypothèques, ch. 2; Orléans, XXI).

Aut. spéc. F. B. S. (Saisie imm.) Lachaize.

Cherchez quels sont les droits immobiliers non susceptibles d'expropriation, et jusqu'à quel point un créancier peut poursuivre l'expropriation simultanée de plusieurs biens. Étudiez l'effet de l'adjudication, surtout quant au purgement des hypothèques; et l'effet de la saisie quant au pouvoir d'aliéner.

Questions. V. mes *Notes*, nᵒˢ 8880, 8970, 9020, 9021, 9064; — 9069 A².

Droit romain. De re judicata ; Quibus ex causis in possessionem ; De rebus auctoritate judicis ; De curatore bonis dando, Dig., XLII, 1, 4, 5 et 7 ; Cod., VII, 52, 53, 72.

Prescription (livre III, tit. 20).

Sources de l'ensemble. Droit romain ; coutumes ; Pothier (Oblig. et prescript.), Dunod.

Auteurs spéciaux sur l'ensemble. Vazeille, Delaporte.

1° Notions générales ; faculté de répudier ou d'opposer la prescription (C. civ., 2219 à 2227).

Textes corrél. C. civ., 712, 1166, 1167, 1234, 1665.

Sources et auteurs spéc. V. ci-dessus. Pothier (Obligat., n°ˢ 700 et s.).

Conciliez la prescription avec l'équité ; la défense de renoncer à la prescription avec le devoir de reconnaître le droit d'autrui. Jusqu'à quel point les tiers peuvent-ils se prévaloir de la prescription ? Énumérez les choses imprescriptibles.

Questions. V. mes *Notes*, n°ˢ 3500, 9083, 9089, 9104 ; — 2040 A², 2175, 2194, 3891.

Droit romain. (Prescr. libérat.) De diversis et temporalibus, Dig., XLIV, 1 ; *v.* De exceptionibus, *ibid.*, 2 ; Cod., VIII, 36 ; De prescriptione 30 vel 40 annorum, Cod., VII, 39.

(Prescr. acquisit.) De usurpationibus et usucapionibus, Dig., XLI, 3 ; De usucapione transformanda ; De præscriptione longi temporis, Cod., VII, 26 à 31, 33 à 40.

2° Possession à l'effet de prescrire (C. civ., 2228 à 2241).

Textes corrélat. C. civ., 549, 550, 690, s., 1428 ; — C. pr., 23, s. ; — C. com., 430.— Loi 25 mai 1838, 6-1°.

Sources. V. p. 251. Pothier (Possession, Orléans, XXII).

Auteurs spéc. Alauzet, Aulanier, Belime, Carou, Crémieux, Curasson, Garnier, Henrion de Pansey (Compét. des juges de paix), de Parieu, Miroy.

Creusez la notion de la possession et de la quasi-possession. Analysez les caractères qu'elles doivent réunir, soit pour conduire à la prescription, soit pour donner les actions possessoires. Énumérez les qualités et les vices qui leur correspondent.

Questions. V. mes *Notes*, n°ˢ 9125, 9131, 9132, 9134, 9139, 9140, 9149, 9155, 9164, 9169, 9173 ; — 2310 A^2.

Mat. correspond. de dr. rom. De adquirenda possessione, Dig., XLI, 2 ; Cod., VII, 32 ; v. Instit., § 5, De interdictis ; — De interdictis ; De vi armata ; Uti possidetis, De precario, utrubi, etc., Dig., XLIII, 1, 16, 17, 26, etc.; Cod., VIII, 1 à 9.

V. Warnkœnig, Analyse du droit de possession, d'après Savigny;—Principes génér. de M. Pellat.

3° Interruption et suspension de la prescription (C. civ., 2242 à 2259).

Textes corrél. C. civ., 328, 709, 710, 966, 1199, 1206, 1560, s., 1663, 1676, 2274; — C. pr., 57, 397 à 99; — C. com., 434.

Sources et auteurs spéc. V. p. 251. J. B.-S.-P. (Recherches sur la prescr.)

Distinguez l'effet des causes qui empêchent, interrompent, suspendent ou arrêtent la prescription. Cherchez si ces causes peuvent être étendues.

Questions. V. mes *Notes,* nᵒˢ 9216, 9228, 9233, 9248, 9250, 9257, 9261; — 685 A^2, 689, 4969, 9228 A^2.

4° Temps requis pour prescrire (C. civ., 2260 à 2281).

Textes corrélatifs. C. civ. 475, 617, 642, 690, 707, 771, 789, 809, 880, 886, 1212, 1304, 1622, 1660, 1676, 1854, 2180-4°;— C. pr., 397; — C. com., 64, 108, 155, 189, 431, s.

Sources et auteurs spéc. V. p. 251. J. B. S. P. (Lettre sur le jour *a quo;* Rech. sur les lois des États-Unis) Bousquet; Chavot (Meubles).

Essayez de cataloguer les divers laps de temps fixés par les lois pour les prescriptions particulières. Étudiez surtout la prescription fondée sur le juste titre et la bonne foi.

Questions. V. mes *Notes*, n°s 8276, 9169, 9273, 9285, 9287, 9293, 9301, 9313, 9320, 9341, 9344, 9348, 9353, 9358, 9359, 9369; — 3799 A^2, 4336, 8430, 8441, 8449, 9270 A^2.

Droit romain. De diversis et temporalibus. Dig. XLIV, 3.

V. le traité « De diversis temporum præscriptionibus, » par Cujas.

CODE DE PROCÉDURE.

Traités dogmatiques.

Jacques Berriat Saint-Prix, Cours de procédure civile, 2 vol. in-8°, 6ᵉ édition, mise au courant de la législation, par *Félix* B. S. P.

Pigeau, la Procédure des tribunaux de France, 2 vol. in-4°, 5ᵉ édition.

Boncenne, Théorie de la procédure civile, 4 vol. in-8° (non terminé).

Ouvrage plus élégant que profond; défiez-vous des notions de procédure romaine qui se lisent dans le tome I. — *M. Bourbeau* a entrepris de le continuer; il est parvenu au 6ᵉ vol.

Autres auteurs : *Auger, Bonnier, Commaille, Delzers* (non terminé), *Demiau-Crouzilhac* (traité et abrégé), *Lepage, Pigeau* (abrégé), *Rauter, Rodière.*

Commentaires.

Carré, Lois de la procédure civile, 3ᵉ édition, revue et grandement augmentée par *M. Chauveau Adolphe*, 6 vol. in-8°.

Boitard, Leçons sur le Code de procédure, 2 vol. in-8° (non terminé). *M. Colmet-Daage* a complété ces leçons en un vol. in-8°.

Autres auteurs : *Bonnin, Gilbert, Dela-*

porte, Pigeau, Rogron, Thomine - Desma-zures, Teulet-d'Auvilliers-Sulpicy. V. p. 166.

Dictionnaires.

MERLIN (Répertoire et Questions), *Bioche, Chabrol-Chaméane, Dalloz, Favard, Sebire-Carteret* (non terminé).

MATIÈRES DE THÈSES [1].

Actions possessoires (C. proc. 23 à 27).

V. p. 252; Ordonn. 1667, tit. XVIII; B. S. P. *Cours*, notes 15, 16, 28, 29, 31, 34, 37; — pages 895 à 898 (F.B.).

Conciliation (C. pr. 48 à 58).

Textes corrél. C. civ. 2245; —, C. pr. 839, 878, 883; — loi 25 mai 1838, 17.

Sources. Loi 24 août 1790, tit. X; B. S. P., note 4.

Ramenez les dispenses de conciliation à quelques idées générales. Comparez les règles de la citation avec celles de l'ajournement. Étudiez la nature de l'acte qualifié procès-verbal de conciliation.

Questions. J. B. S. P. *Cours*, notes 9, 10, 13, 15, 22, 24, 25, 26, 27, 29; — p. 900.

[1] Je n'ai indiqué que les articles admis dans le programme de l'École. Mais il faut reconnaître que des matières assez importantes ont été perdues de vue.

Ajournement (C. pr. 59 à 74).

Textes corrél. C. civ. 822, 2244; — C. pr. 1030 à 33.

Sources. Ordonn. 1667, tit. II.

Auteurs spéc. Reverchon (Autoris. de plaider); — J. B. S. P. (Violences contre huissiers).

Étudiez les règles de la compétence *ratione personæ;* les effets juridiques de l'assignation; la maxime « nul ne plaide par procureur. »

Questions. J. B. S. P. *Cours,* notes 7, 9, 17, 20, 21, 27, 28, 32 à 34, 38, 46, 47, 53; pages 900 à 904 (F. B.). — V. mes *Notes* sur C. civ., n°s 153 A^2, 154, 4283 A^2.

Droit rom. De in jus vocando; De edendo; Dig. II, 4, 13; Cod. II, 1, 2; De judiciis; Dig. V, 1; Cod. III, 1.

Constitution d'avoués; défenses
(C. pr. 75 à 82).

Textes corrél. C. pr. 61, 85, 149, 191, 1038; — Décr. 30 mars 1808, 28, 29, 33, 69.

Sources. Ordonn. 1667, tit. IV, V, 1 et 3, XI, 2, XIV, 3.

Cherchez si la constitution d'avoué est un mandat ou un louage. Étudiez la nature et l'effet des conclusions.

Questions. B. S. P. *Cours*, § des avoués, notes 12, 16, 19, 21 à 23, 25 ; p. 904.

Droit rom. De procuratoribus, Dig. III, 3 ; Cod. II, 13.

Prestation de serment (C. pr. 120, 121).

Textes corrél. V. p. 222 ; — C. pr. 1035 ; Décr. 30 mars 1808, 63.

Sources. Despeisses (Ordre jud. X, iv, 3, n° 7).

V. B. S. P. *Cours*, p. 552, notes 3 et 6.

Contrainte par corps (C. pr. 126, 127).

V. p. 243. — Ordonn. 1667, XXXIV, 2, 3 ; XXIX, 8, 3.

Caution *judicatum solvi* (C. pr. 166, 167).

V. p. 169 ; — B. S. P. *Cours*, p. 256 et suiv. — V. mes *Notes*, n°s 169 A^2, 170 A^2.

Renvois pour incompétence (C. pr. 168 à 172).

Textes corrél. C. pr. 424, 425, 454.

Sources. Ordonn. 1667, V, 5, VI, 1, 3.

Auteurs spéc. Goubeau de la Bil., Lemerle.

Étudiez les différences entre l'incompétence *ratione materiæ* et l'incompétence *ratione personæ*.

Questions. B. S. P. *Cours*, notes 22, 25, 27, 32, 35, 37 ; — p. 903 à 906.

Droit rom. De judiciis, Dig. V, 1; Cod. III, 1, et 15 à 26.

Exception de garantie (C. pr. 175 à 186).

Textes corrél. C. pr. 32, 33, 49-3°, 337.
Sources. Ordonn. 1667, VIII, 2, 3, 5, 6, 8 à 13 ; IX, 1.
Auteurs spéciaux. Goubeau de la Bilennerie.

Définissez et comparez la garantie simple de la garantie formelle ; distinguez la garantie du Code de proc. de celle du Code civil.

Questions. B. S. P. *Cours*, notes 66, 69.

Vérification d'écritures (C. pr. 193 à 213).

Textes corrél. C. civ. 1322, s. — C. pr. 14, 49-7°, 214, 427 ; — Loi 3 sept. 1807.
Sources. Ordonn. 1667, XII, 5 à 9 ; édit de 1684 ; ord. 1737.
Auteurs spéc. Bonnier (Preuves), Lévèque.

Cherchez comment on arrive à la vérification ; quels sont les divers modes à employer.

Questions. B. S. P. *Cours*, notes 12, 13 *a*, 22 *a*, 34.

Faux incident civil (C. pr. 214 à 251).

Textes corrél. C. civ. 1319. — C. pr. 14, 427. — C. instr. cr. 448 à 64.

Sources. Ordonn. de 1737, II; Sallé (Esprit de *id.*).

Auteurs spéc. Bonnier (Preuves).

Recherchez la véritable signification des mots faux incident civil; analysez la poursuite et ses conséquences.

Questions. B. S. P. *Cours,* notes 4, 6, 26, 40, 50; — p. 906.

Droit rom. De lege Cornelia de falsis, Dig. XLVIII, 10; Cod. IX, 22.

Enquêtes (C. pr. 252 à 294).

Textes corrél. C. civ. 1341, s. — C. pr. 34, s., 407, s., 1035.

Sources. Ordonn. 1667, tit. XIII, XX et XXII.

Auteurs spéc. Bonnier (Preuves).

Cherchez comment on arrive à l'enquête. Définissez les reproches et déterminez leurs suites.

Questions. B. S. P. *Cours,* notes 9, 15, 19 *a*, 24, 27, 28, 30, 31, 34, 38, 42, 43, 50, 61, 72; — p. 906.

Droit rom. De testibus, Dig. XXII, 5; Cod. IV, 20.

Interrogatoire (C. pr. 324 à 336).

Textes corrél. C. civ. 1354, s. — C. pr. 119, 428, 1035.

Sources. Ordonn. 1667, tit. X.

Auteurs spéc. Bonnier (Preuves).

Quels sont les inconvénients et les avantages de l'interrogatoire? Y a-t-il une voie différente pour arriver au même but?

Questions. B. S. P. *Cours,* notes 10, 11, 20, 27, 29, 35, 37; — p. 906.

Droit rom. De interrogationibus, Dig. XI, 1.

Désaveu (C. pr. 352 à 362).

Textes corrél. C. civ. 1989; — C. pr. 49-7°, 132, 556.

Sources. V. ordonn. 1667, XXXV, 34.

Cherchez à quoi bon le désaveu, dès lors que les actes faits par suite d'un excès de pouvoir sont nuls; en quel sens le désaveu est une voie pour attaquer les jugements.

Questions. B. S. P. *Cours,* notes 4, 6, 18; — p. 909.

Désistement (C. pr. 402, 403).

Textes corrél. C. civ. 330, 2247; — C. instr. 4.

Distinguez le désistement de la procédure du désistement de l'action (v. p. 243). Étudiez l'acquiescement et le contrat judiciaire.

Questions. B. S. P. *Cours,* notes 5, 7, 8; — p. 909.

Appel (C. pr. 443 à 473).

Textes corrél. C. civ. 2056, 2068; — C. pr. 15 à 17, 31, 521, 669, 730 à 732, 763, 809, 848, 1010, 1023.

Sources. Ordonn. 1667, XXVII, 14, 15; VI, 2. — Lois 24 août 1790, tit. V; 3 brum. an II, 6, 7.

Auteurs spéc. Fréminville, Rivoire, Talandier.

Énumérez les exceptions à la fixation générale du délai pour appeler. Comparez la procédure d'appel à celle de première instance.

Questions. B. S. P. *Cours,* notes 11, 16, 20, 22, 29, 37, 42, 43, 47, 57, 58, 68, 112, 113; — p. 913.

Droit rom. De appellationibus; nihil innovari appellatione interposita; quæ sententiæ sine appellatione rescindantur, Dig. XLIX, 1, 7, 8; Cod. VII, 61 à 70.

Tierce-opposition (C. pr. 474 à 479).

Textes corrél. C. civ. 100, 1351; — C. pr. 466, 873, 1022.

Sources. Ordonn. 1667, XXVII, 10 et 11.

Auteurs spéc. V. Merlin (Rép.), Proudhon (Usufr., n° 1266).

Ne peut-on pas se passer de la tierce-opposition? N'est-elle pas même complétement inutile en présence de l'axiome *res inter alios judicata, aliis non nocet?*

Questions. B. S. P. *Cours*, notes 4, 7 à 11, 17, 18; — p. 914.

Requête civile (C. pr. 480 à 504).

Textes corrél. C. civ. 2057; — C. pr. 448, 1026, s.

Sources. Ordonn. 1667, XXXV.

Comparez la requête civile avec les autres voies d'attaque. Définissez le rescindant et le rescisoire.

Questions. B. S. P. *Cours*, notes 18, 29, 36, 43; — *ib.*, p. 536, note 23 et p. 914.

Droit rom. V. De restitutionibus in integrum, Dig. IV, 1; Cod. III, 22.

Liquidation des dommages-intérêts (C. pr. 128, 523 à 525).

Textes corrél. C. civ. 1146, s; — C. pr. 126, 464.

Sources. Ordonn. 1667, tit. 32; *V.* B. S. P. *Cours*, p. 554.

Reddition de comptes (C. pr. 527 à 542).

Textes corrél. C. civ. 469, s., 480, 803, 1031, 1993.

Sources. Ordonn. 1667, tit. XXIX.

Cherchez en quel sens il ne doit être procédé à la révision d'aucun compte.

Questions. B. S. P. *Cours,* notes 5, 15, 25 ; — p. 915.

Exécution forcée (C. pr. 545 à 556).

Textes corrél. C. civ. 1319, 2123 ; — C. pr. 155, s., 442, 450, 1020, s.

Sources. Ordonn. 1667, tit. XXVII ; 1629, art. 121.

Énumérez et comparez les actes exécutoires. Définissez la saisie en général.

Questions. B. S. P. *Cours,* notes 4, 5, 11, 15, 16 ; — V. mes *Notes* (C. civ.), n°^{os} 4669 A^2 et 8572.

Droit rom. V. p. 251.

Saisie-arrêt (C. pr. 557 à 582).

Textes corrél. C. civ. 1242, 1298 ; — C. pr. 49-7° ; — lois 9 juill. 1836, 13 à 15 ; 8 juill. 1837, 11.

Sources. V. ordonn. 1667, tit. XXXIII, 1 ; Rodier, *ib.,* instruct. sur les banniments de deniers.

Auteur spéc. Roger.

Rattachez la saisie-arrêt aux principes du Code civ. Énumérez les choses insaisissables.

Questions. B. S. P. *Cours,* notes 4, 23, 26, 31, 32 ; — p. 916, 917.

Garde des meubles saisis (C. pr. 596 à 606).

Textes corrél. C. civ. 1961, s., 2060-4° ; — C. pr. 628, 681, 823, 830.

Sources. V. ordonn. 1667, tit. XIX, 13 et 14.

Comparez les règles qui autorisent à nommer des gardiens dans divers cas.

Questions. B. S. P. *Cours*, p. 595, notes 35, 37, 41.

Distribution par contribution
(C. pr. 656 à 672).

Textes corrél. C. civ. 2093 ; — C. pr. 749, s., 990 ; — C. com. 214.

Sources. V. ordonn. 1667, XXXIII, 20 et 21.

Analysez la procédure et remarquez les priviléges qu'on ajoute ici à ceux du Code civil.

Questions. B. S. P. *Cours*, notes 15, 18, 34 ; — p. 918, 919.

Saisie immobilière (C. pr. 673 à 717).

Textes corrélatifs. C. civ. 2204 à 2218 ; — C. pr. 551, 556, 749 à 779.

Sources. Loi du 11 brumaire an VII.

Auteurs spéciaux. Decamps, Lachaize, Lepage, Paignon, Eug. Persil, Petit (Surenchère). V. mon *Manuel de la saisie imm.*

Analysez la procédure d'après le tableau chronologique placé à la fin du *Cours* de J. B. S. P. Étudiez surtout les effets de la transcription, de la saisie et ceux de l'adjudication en les rapprochant des principes généraux du Code civil.

Questions. B. S. P. *Cours* (titre refondu par F. B. S.), notes 10, 15, 17, 19, 20, 23, 25, 28, 33, 42 à 44, 48, 52, 62, 74, 75, 79, 82, 84, 104, 107, 108, 115; — (*incidents*) notes 126, 130, 133, 136, 137, 139, 147, 154, 162, 163.

Ordre (C. pr. 749 à 779).

Textes corrélatifs. C. civ. 2218; — C. pr. 656 à 672, 991.

Sources. Loi du 11 brum. an VII.

Comparez l'ordre à la distribution par contribution.

Questions. B. S. P. *Cours*, notes 5 *a*, 7, 12, 14, 17, 18 *a*, 19, 21, 23, 33, 35, 37, 42, 46; — p. 920.

Emprisonnement (C. pr. 780 à 805).

Textes corrél. C. civ. 2059 à 70; — C. pr. 107, 126, 127, 191, 201, 213, 221, 264, 534, 536, 552, 603, 604, 683, 710, 712, 740, 824, 839; — C. co. 209, 231, 455, 637; — C. i. cr. 355; — lois 17 avril 1832, 13 déc. 1848, 26 mars 1855.

Sources. V. ordonn. 1667, tit. XXXIV; loi 15 germ. an VI, tit. III.

Auteurs spéc. V. p. 244. Cadrès.

Distinguez l'arrestation de l'incarcération et de la recommandation.

Questions. B. S. P. *Cours*, notes 5, 6, 11, 13, 16, 17, 23, 29, 33, 37, 38, 43; — p. 921.

Mise aux enchères sur offres du tiers détenteur d'un bien hypothéqué
(C. pr. 832 à 838).

Textes corrél. C. civ. 2181 à 2195. — Lois 2 juin 1841; 23 mars 1855.

Auteurs spéc. Petit, F. B. (Saisie imm.)

Combinez ces sept articles avec les règles du Code civil sur le purgement. Étudiez les conséquences de l'abrogation de l'art. 834.

Questions. B. S. P. *Cours* (titre refondu par F. B.), notes 6, 7, 10, 19. — V. p. 249.

Envoi en possession de biens d'absent
(C. pr. 859, 860).

V. p. 173. — Loi 13 janv. 1817.

Séparation de biens (C. pr. 865 à 874).

Textes corrél. C. pr. 311, 1443, s.; — C. pr. 49-7°, 875, s. — V. p. 227.

Conciliez, s'il est possible, l'art. 872 avec le Code civil.

Questions. B. S. P. *Cours*, notes 1, 3 à 5, 14, 15, 17, 18 ; — V. mes *Notes* (C. civil), n° 5775.

Avis de parents (C. pr. 882 à 889).

Textes corrél. C. civ. 405, s., 505, 1055. — V. p. 178.

Questions. B. S. P. *Cours*, notes 1, 1 *a*, 3, 8.

Interdiction (C. pr. 890 à 897).

Textes corrél. C. civ. 489, 514 ; — C. pr. 49. — V. p. 181.

Questions. B. S. P. *Cours*, notes 1, 3, 4, 6, 7, 10, 11.

Personnes inadmissibles au bénéfice de cession (C. pr. 905).

Textes corrél. C. civ. 1265 à 1270 ; — C. com. 540.

Sources. Ordonn. 1673, tit. X, 2.

Questions. B. S. P. *Cours*, note 1.

Partages (C. pr. 966 à 985).

Textes corrél. C. civ. 815 à 842 ; — C. pr. 50-3°, 59-6°.

Questions. B. S. P. *Cours*, notes 4, 5, 13, 18 ; — p. 923.

Bénéfice d'inventaire (C. pr. 986 à 996).

Textes corrél. C. civ. 793, 794, 802 à 814. — Loi 2 juin 1841.

Auteurs spéc. Jay.

Questions. B. S. P. *Cours,* notes 7, 15, 17, 25 ; — p. 924.

Renonciations à communauté (C. pr. 997).

V. p. 228.

Curateur à succession vacante
(C. pr. 998 à 1002).

V. p. 194. B. S. P. *Cours,* notes 4 et 7.

Arbitrages (C. pr. 1003 à 1028).

Textes corrél. C. civ. 2123 ; — C. pr. 429 à 431 ; — C. comm. 51 à 63.

Sources. V. loi 24 août 1790, tit. I, 1 et 2.

Auteurs spéc. Bellot des Min., Boucher, Goubeau de la Bil., Jay et Lehir.

Comparez les règles de la procédure ordinaire à celles de la procédure devant arbitres ; — celles du Code de procédure et celles du Code de commerce.

Questions. B. S. P., *Cours,* notes 9, 11, 18, 19, 25 ; — page 892.

Droit romain. De receptis et qui arbitrium, Dig., IV, 8 ; Cod., II, 56.

CODE DE COMMERCE.

Traités dogmatiques.

Delvincourt, Institutes de droit commercial, 2 vol. in-8°, 2ᵉ édit.

Pardessus, Cours de droit commercial, 6 vol. in-8°, 5ᵉ édit.

M. Bravard-Veyrières, Manuel de droit commercial, 1 vol. in-8°, 5ᵉ édit.

Autres auteurs. *Boulay-Paty*, *Cadrès*, *Crémieux* et *Patorni*, *Frémery*, *Gautier*, *Goujet* et *Merger*, *Horson* (Recueil de questions), *Massé*, *Molinier* (non terminé), *Mongalvy* et *Germain*, *Rivière* (Questions marginales), *Thieriet*, *Vincens*. V. p. 166.

Commentaires.

Bonnin, *Delaporte*, *Dufour de S. P.*, *Gilbert*, *Javerzac* et *Belloc*, *Lonchampt*, *Maugeret*, *Rogron*, *Sautayra*, *Teulet-d'Auvilliers-Sulpicy*, *Thiercelin*.

Dictionnaires.

Merlin (Répertoire et questions), *Chabrol-Chaméane*, *Dalloz*, *Favard*, *Goujet* et *Merger*, *Sebire* et *Carteret* (non terminé).

Droit romain. V. Pro socio, Mandati, Locati, De exercitoria, De institoria, De nautico fœnore, De lege Rhodia de jactu, De tributoria, quæ in fraudem creditorum, etc.

MATIÈRES DE THÈSE.

Livres de commerce (C. com., 8 à 17).

Textes corrél. C. civ., 1329-3°; — C. pr. 898; — C. com., 109, 152, 586-6°, 591.

Sources. Ordonn. de 1673, tit. III[1].

Cherchez l'intérèt juridique des livres et la sanction de la loi.

Questions. Bravard, p. 35. — Delv., p. 8, notes 8 et 14; p. 9, notes 2 et 6.

Sociétés (C. com., 18 à 64).

Textes corrél. C. civ., 529, 1832 à 72; — C. pr. 50-2°, 59-5°, 69-6°; — C. com., 438, 531, 604.

Sources. Ordonn. de 1673, tit. IV.

Auteurs spéc. Bécane, Delangle, Malepeyre et Jourdan, Eug. Persil. — (Arbitrages) Mersan; V. p. 269.

Cherchez le caractère distinctif des sociétés commerciales en général et de chacune d'elles en particulier.

---

[1] Le texte de l'ordonn. de 1673 est rapporté dans le livre de M. Bravard. V. aussi les *Codes* de M. Tripier.

Questions. Bravard, p. 59, 64, 86. — Delv., p. 25, note 2; p. 27, note 1; p. 31, note 1; p. 32, notes 5 et 14; p. 33, notes 1 et 2; p. 34, notes 1, 3 et 4.

Séparation de biens (C. com., 65 à 70.)

V. p. 227-4° et 267.

Bourses, agents de change et courtiers (C. com., 71 à 75.)

Textes corrél. C. com., 109, 181, 186; — C. pén., 420, 422. — Décr. 15 déc. 1813.

Sources. Ordonn. de 1673, tit. II.

Auteurs spéc. Durand S.-Amand, Mollot, Courcelle-Seneuil, Frémery.

Cherchez le caractère distinctif des intermédiaires commerciaux.

Questions. Delv., p. 40, note 2.

Commissionnaires pour transport (C. com., 96 à 108).

Textes corrél. C. civ., 1782, s., 1952, s., 1984, s.; — C. com., 285.

Auteurs spéc. Cadrès, Delamarre et Lepoitevin. Grandvaux, Hilpert, Lanoé, Lafargue, Vanhuffel.

Comparez le commissionnaire et le mandataire, tant du droit français que du droit romain.

Questions. Bravard, p. 137. — Delv., p. 53, note 2; p. 56, note 1; p. 59, note 2.

Achats et ventes (C. com., 109).

Sources. Ordonn. 1673, tit. I, 7 à 10.

Auteurs spéc. Eug. Persil et Croissant; Bonnier (Preuves).

Lettre de change (C. com., 110 à 189).

Textes corrél. C. civ., 2274; — C. com., 76, 444, 449.

Sources. Ordonn. 1673, tit. I, V et VII; Pothier (Change), Dupuy de la Serra.

Auteurs spéc. Nouguier, Pardessus, Eug. Persil, Schiébé, Veche.

Comparez le contrat de change avec la simple promesse, ou plutôt avec une convention ordinaire, telle qu'elle est réglée par le Code civil. Comparez les divers effets de commerce.

Questions. Bravard, p. 168, 185, 195, 238. — Delv., p. 75, note 1; p. 80, notes 8 et 9; p. 103, note 1; p. 104, note 6; p. 113, notes 2, 7 et 8.

Droit maritime.

Auteurs spéc. VALIN (Comment. sur l'ordonn. de la marine de 1681); Azuni, Beaussant, Boucher, Hautefeuille, Lucchesi-Pally, Th. Ortolan.

1° Navires (C. com., 190 à 196).

Textes corrél. C. civ., 527, 2220 ; — C. pr. 620 ; — C. com., 197 à 220.

Sources. Ordonn. 1681, liv. I, tit. 14 ; liv. II, tit. 10.

Précisez en quoi les navires échappent aux règles générales sur les autres biens.

Questions. Delv., p. 124, note 2 ; p. 125, notes 3, 6 et 8 ; p. 128, note 6 ; p. 131, note 1.

2° Propriétaires (C. com., 216, 217).

Textes corrél. C. civ., 815 ; — C. com., 430. — Loi 14 juin 1841.

Sources. Ordonn. 1681, liv. II, tit. 8.

Auteurs spéc. Laget de Podio, Lehir.

Questions. Bravard, p. 309. — Delv., p. 123, note 3.

3° Capitaine (C. com., 221 à 249).

Textes corrél. C. civ., 1782, s. — C. com., 218, 405, 407, 410, 430, 435.

Sources. Ordonn. 1681, liv. I, tit. 5, 9, 10 ; liv. II, tit. 1 ; liv. III, tit. 1 ; Déclar. 17 août 1779.

Auteurs spéc. Laget de Podio, Lehir.

Questions. Delv., p. 142, note 2 ; 143, note 3 ; p. 150, note 2 ; p. 153, note 1.

4° Louage des gens de mer (C. com., 250 à 272).

Textes corrél. C. com., 191-6°, 192-4°, 419, 433.

Sources. Ordonn. 1681, liv. III, tit. 4.

Questions. Delv., p. 159, note 6 ; 166, note 6.

5° Charles-parties (C. com., 273 à 280).

Textescorrél. C.com., 80, 226, 286, s., 633.

Sources. Ordonn. 1681, liv. III, tit. 1 ; — Pothier.

6° Connaissement (C. com., 281 à 285).

Textes corrél. C. com., 222, 226, 344, 345, 418, 420.

Sources. Ordonn. 1681, liv. III, tit. 2.

7° Fret ou nolis (C. com., 286 à 310).

Textes corrél. C. com., 216, 259, 260, 273, s., 347, 386, 433.

Sources. Ordonn. 1681, liv. II, tit. 10 ; liv. III, tit. 3.

Questions. Delv., p. 188, note 5 ; p. 191, note 3.

8° Prêt à grosse aventure (C. com., 311 à 331).

Textes corrél. C. civ. 1964 ; — C. com., 191-9°, 192-7°, 347, 432, 633.

Sources. Ordonn. 1681, liv. III, tit. 5 ; — Émérigon (Boulay-Paty).

Questions. Delv., p. 197, note 6 ; p. 200, note 9 ; p. 202, notes 4 et 9 ; p. 203, note 2 ; p. 204, note 2.

9° Assurance (C. com., 332 à 396).

Textes corrél. C. civ. 1964 ; — C. com., 79, 191-10°, 192-8°, 331, 432, 435, 633.

Sources. Ordonn. 1681, liv. III, tit. 6; Déclar. 17 août 1779; — Émérigon (Boulay-Paty), Pothier (Estrangin).

Auteurs spéc. Alauzet, Benecke, Lafond, Laget de Podio, Lemonnier, Morel. — (Assurances terrestres) Boudousquié, Delaborde, Grün et Joliat, Eug. Persil, Quenault.

Cherchez en quoi l'assurance ressemble au prêt à la grosse. Y a-t-il chance de gain ou de perte pour les deux parties, dans ces deux contrats? — Les règles de l'assurance maritime doivent-elles s'étendre à l'assurance terrestre?

Questions. Delv., p. 209, note 5; p. 215, notes 4 et 9; p. 217, note 6; p. 219, notes 1 et 3; p. 222, note 2; p. 238, note 2; p. 241, note 1.

10° Prescription (C. com., 431 à 434).

V. p. 251. Ordonn. 1681, liv. I, tit. 12.

Faillites.

Auteurs spéc. Bécane, Bédarride, Boulay-Paty, Esnault, Geoffroy, Lévesque, Renouard, Saint-Nexent, Thieriet.

1° Effets de la faillite (C. com., 437 à 450).

Textes corrél. C. civ., 1167, 1188, 1613, 1913, 2032, 2131, 2146; — C. proc., 124.

Sources. Ordonn. 1673, tit. IX.

Classez les actes suivant l'influence de la

faillite sur leur validité. Comparez la faillite et la déconfiture.

Dr. rom. Quæ in fraud. credit. Dig., XLII, 8; Cod., VII, 75.

2º Concordat (C. com., 507 à 526).

Textes corrél. C. civ., 1165, s., 1282, s. — C. com., 583-4º, 586-2º, 593-2º, 604.
Sources. Ordonn. 1673, tit. XI.
Questions. Bravard, p. 711, 713, 779.

3º Excusabilité du failli (C. com., 538 à 541).

V. p. 216; — C. pr. 905; Ordonn. 1673, tit. 10.

4º Droits des créanciers (C. com., 546 à 564 [1]).

Textes corrél. C. civ., 1252, 2076, 2078, 2093; — C. com., 508.
Auteurs spéc. Cubain (Dr. des femmes).

Cherchez en quoi le Code de commerce déroge au Code civil sur ce sujet.

5º Revendication (C. com., 574 à 579).

Textes corrél. C. civ., 2102-4º; — C. com., 550. V. p. 245.

Procédure devant les cours d'appel
(C. com., 645 à 648).

V. p. 262. Boucher, Fréminville, Gasse, Nouguier, Orillard.

---

[1] L'École, par erreur sans doute, laisse de côté les articles 542 à 545, malgré leur importance.

CODE

D'INSTRUCTION CRIMINELLE.

Traités dogmatiques.

Jacques Berriat S.-Prix, Cours de droit criminel, 4ᵉ édit. in-8°, avec notes de *Ch. B. S.* et supplément de *Félix B. S.*

Charles Berriat S. - Prix, Traité de la procéd. des tribunaux crim., 3 in-8°.

Legraverend, Traité de la législ. crim., 3ᵉ édit., 2 in-4°.

Faustin Hélie, Traité de l'instruct. crim. (non terminé).

Autres auteurs. *Benoît, Bourguignon, Chabrol-Chaméane, Duverger, Ortolan, Pigeau, Rauter, Rodière, Trébutien*, V. p. 166.

Commentaires.

Carnot, Instruct. crim., 4 in-4°.

Boitard, Leçons sur le Code d'instr., in-8° (non terminé).

Autres auteurs. *Bonnin, Delaporte, Duvergier, Gilbert, Grattier, Rogron, Teulet-d'Auvilliers-Sulpicy*.

Dictionnaires.

Merlin (Répertoire et questions), *Chabrol-Chaméane*, *Dalloz*, *Favard*, *Morin*, *Sebire-Carteret* (non terminé).

Dr. rom. De publicis judiciis, De accusationibus, De custodia, De requirendis vel absentibus damnandis, D., XLVIII, 1 à 3, 17 ; De extraordinariis criminibus, De popularibus actionibus, Dig., XLVII, 11, 23, Cod., IX, 1 à 6.

MATIÈRES DE THÈSE.

Action publique (C. instr., 1 à 7).

Textes corrél. C. civ., 3, 2046 ; — C. pr., 249 ; — C. instr., 22, 182 ; — C. pén. 336.

Sources. Code 3 brum. an IV, 5 à 13 ; — Jousse (Idée de la justice cr.).

Auteurs spéc. Mangin, Lesellyer, Ch. B. S.

Comparez l'action publique et l'action civile sous les divers points de vue. Énumérez, s'il est possible, les agents chargés de l'exercice de l'action publique.

Questions. B. S. P. *Cours*, p. 23 et suiv., notes 7 *a*, 8, 17 à 19 *a*, 22 *a*, 23, 32, 34, 47 ; p. 45, notes 2 à 6. — V. mes *Notes* (C. civ.), n° 5297 A^2.

Faux (C. instr., 448 à 463).

Textes corrél. C. pr., 214, s.; — C. instr., 196; — C. pén., 132, s.

Sources. Ordonn. août 1673, tit. IX; ord. juill. 1737; Code 3 brum. an IV, 526 à 547.

Questions. B. S. P. *Cours*, p. 197, note 3.

Contumace (C. instr., 465 à 477).

Textes corrél. C. instr., 641; — C. pén., 28; — Lois 2 janv. 1850, 30 et 31 mai 1854.

Sources. Ordonn. août 1670, tit. XVII; Code 3 brum. an IV, 462 à 482.

Questions. B. S. P., *Cours*, p. 199, notes 6 *b* à 8 *a*.

Réhabilitation (C. instr., 619 à 634).

Textes corrél. C. com., 604, s. — Loi du 3 juill. 1852.

Sources. Ordonn. août 1673, XI, 5 et suiv.; Code pén. de 1791, I, tit. vij, 12.

Auteurs spéc. V. le texte de la loi de 1852 dans la collection de M. Duvergier. — B. S. P., *Cours*, p. 267.

Prescription (C. instr., 619 à 643).

Textes corrél. C. civ., 32, 2262; — C. instr., 476.

Sources. Code 3 brum. an IV, 9, 10.

Auteurs spéc. Bousquet, Cousturier.

Cherchez à quelle espèce de prescription générale se rattache la prescription en matière criminelle ; quels sont ses divers buts, et ses délais.

Questions. B. S. P., *Cours*, p. 104, notes 3 à 7, 9, 10 ; — p. 267.

CODE PÉNAL.

Traités dogmatiques.

Jacques Berriat Saint - Prix, Cours de droit criminel, in-8°, 4e édition. — V., du même auteur, des Recherches 1° sur la législation criminelle en Dauphiné; 2° sur la criminalité au dix-septième siècle.

Chauveau Adolphe et *Faustin Hélie*, Théorie du Code pénal, 8 vol. in-8°, 3e édit.

Autres auteurs. *Bavoux, Bertauld, Ortolan, Pigeau, Rauter, Trébutien*. V. p. 166. — (Théorie) *Beccaria, Bentham, Brissot-Warville, Pastoret, Rossi*, etc.

Commentaires.

Carnot, Comment. sur le Code pénal, 2e édit., 2 in-4°.

Boitard, Leçons sur le Code pénal (les 2 1ers livres seulement), 1 vol. in-8°.

Autres auteurs. *Bonnin, Bourguignon, Delaporte, Duvergier, Gilbert, Grattier, Rogron, Teulet-d'Auvilliers-Sulpicy*.

Dictionnaires.

Merlin (Répertoire et questions), *Chabrol-Chaméane, Dalloz, Favard, Morin, Sebire-Carteret* (non terminé).

Tableaux synoptiques.

Félix Berriat Saint - Prix, Analyse du Code pénal ou table synoptique et raisonnée des délits et des peines, in-8°.

Droit romain. De pœnis, De bonis damnatorum, De interdictis, De sententiam passis, Dig., XLVIII, 19, 20, 22, 23 ; Cod., IX, 39 à 51.

MATIÈRES DE THÈSE.

Classification des infractions (C. pén., 1).

Textes corrél. C. civ., 1382-83 ; — C. pén., 464.
Sources. Code 3 br. an IV, 599 à 604.
Examinez les critiques dont la classification légale a été l'objet.
Questions. B. S.-P., *Cours*, notes 1, 3 et 4 ; — p. 257, 262.

Tentative d'infraction (C. pén., 2, 3).

Textes corrél. C. pén., 179, 401, 405, 414.
Sources. V. loi 22 prairial an IV.
Comparez les divers degrés qu'on peut établir entre le projet et l'exécution, avortée ou non.
Questions. B. S.-P. *Cours*, p. 89, notes 1 et 2 ; — p. 264.

Rétroactivité des lois (C. pén., 4).

V. p. 168 et B. S.-P., *Cours*, p. 5 et 87, note 16. — Code 3 br. an IV, 2 et 3.

Peines criminelles (C. pén., 12 à 35).

Textes corrél. Charte de 1814, 66; — Lois 28 avril 1832, 9 sept. 1835, 12 avril 1848, 8 juin 1850, 30 et 31 mai 1854.

Sources. Code 3 brum. an IV, 602 à 604.

Cherchez le caractère distinctif de chaque peine ; comparez les divers degrés d'incapacité qui en résultent.

Questions. B. S.-P., *Cours*, p. 83, notes 6 *b*, 11, 14 *b* à 17 ; — p. 265.

Complicité (C. pén., 59 à 63).

Textes corrél. C. com., 593 ; — C. instr., 501 ; — C. pén., 55, 100, 108, 138, 164, 202, 205, s., 238, 284, 293, 338, 380, s., 403, 441.

Séparez le complice du codélinquant. Distinguez les divers degrés de complicité.

Questions. B. S.-P., *Cours*, p. 91, notes 8 à 10 ; — p. 265.

Atténuation de criminalité
(C. pén. 64 à 72).

Textes corrél. C. pén., 100, 108, 114, 116, 135, 138, 144, 163, 190, 213, 247, s.,

284, 288, 321 à 326, 343, 347, 348, 357, 380, 441, 463.

Distinguez le défaut de discernement du défaut de volonté. Cherchez si la loi punit certaines actions malgré le défaut de volonté, comme les quasi-délits, les contraventions; et examinez jusqu'à quel point l'affirmative est justifiable. Distinguez les excuses des circonstances atténuantes.

Questions. B. S.-P., *Cours*, p. 94, notes 1 à 3, 5, 8, 10.

Responsabilité civile (C. pén., 73, 74).

V. p. 224 et B. S.-P., *Cours*, p. 101 et 102.

Faux serment (C. pén., 366).

V. p. 222 et 258.

Conciliez, s'il est possible, l'art. 366 avec C. civ., 1363. Cherchez si l'art. 366 s'applique au serment promissoire : par exemple, à celui que prête un fonctionnaire public (V. const. 4 novembre 1848, 48).

Abus de confiance (C. pén., 406 à 409).

Questions. B. S.-P., *Cours*, p. 115, note 3.

CODE FORESTIER.

Commentaires.

Baudrillart, Brousse, Cappeau, Chauveau, Coin-Delisle et Frédérich, Curasson, Dupin, Gagneraux, Guichard, Meaume, Rogron, Teulet-d'Auvilliers-Sulpicy. V. p. 166.

MATIÈRES DE THÈSE.

Usage dans les bois nationaux
(C. for., 61 à 85).

Textes corrél., C. for., 89, 109 à 112, 120, 149.

Auteurs spéc. D'Avannes, Meaume, Migneret.

Usage dans les bois des particuliers
(C. for., 120, 127).

V. p. 185.

Responsabilité civile (C. for., 206).

V. p. 224 et C. civ., 1384.

LOIS

QUI N'ONT PAS REÇU LE TITRE DE CODES.

On les trouvera mentionnées plus haut sous les matières auxquelles elles se rattachent. Au défaut de commentaires spéciaux, on consultera la *Collection des lois* de M. Duvergier ; sinon, l'on cherchera dans le *Moniteur* l'exposé des motifs, les rapports des commissions législatives et les discours des orateurs qui ont pris part à la discussion.

FIN.

TABLE.

9 782014 083880